L'ARGENT PAR LES FENÊTRES

DRAME-VAUDEVILLE EN TROIS ACTES,

Par MM. Albert MONNIER et Edouard MARTIN

Représenté, pour la première fois, à Paris, sur le théâtre des DÉLASSEMENTS-COMIQUES,
le 24 Avril 1852.

DIRECTION DE M. ÉMILE TAIGNY.

PERSONNAGES.	ACTEURS.
OCTAVE........	Mme ÉMILE TAIGNY.
VIRGILE..	MM. Em. VILTARD.
DE MARSAN......................................	PHILIPPE UTRÉ
MARDOCHÉE......................................	MARQUAIS.
BOISJOLI.......................................	RENAUD.
LA BRISE ⎰ canotiers	CH. BLONDELET.
BATTAGE, ⎱	EDMOND.
UN GARÇON TRAITEUR.............................	FRÉDÉRIC.
BAPTISTE.......................................	LAHALLE.
CLARINETTE, chanteuse ambulante................	Mmes ALPHONSINE.
VALENTINE, fille de de Marsan..................	MÉRY.
ALCIDA ROUSTOUBIQUE............................	HÉLOISE.
NINICHE..	EMMA.
Canotiers, Grisettes, Promeneurs, Domestiques............	

La scène se passe, au premier acte, à Joinville-le-Pont ; au deuxième, à Paris, dans l'hôtel d'Octave ;
au troisième, dans une mansarde du boulevard de la Galiote.

Les personnages sont placés dans l'ordre qu'ils occupent en scène. Les indications sont prises de la gauche
des spectateurs.

ACTE PREMIER.

La scène se passe à Joinville-le-Pont, sur le bord de l'eau ; à gauche, l'entrée d'un traiteur ; devant la
porte, une tonnelle, tables, chaises, etc.

SCÈNE PREMIÈRE.

BATTAGE, LA BRISE, Canotiers, un Garçon
TRAITEUR.

(*Les canotiers entrent sous la tonnelle et tapent
sur la table. Le Garçon paraît.*)

CHŒUR.

Air : *Introduction de Gastibelza* (Maillard).

Gai canotier,
En attendant la joute,
Viens goûter sur ta route
Au vin du tavernier !
Vite, allons, du vin, qu'on nous serve du vin,
Le vin est le père d'un joyeux refrain.

LA BRISE. Ohé ! du garçon ! ohé !

LE GARÇON. Voilà ! voilà, capitaine !

LA BRISE. Du vin, comme s'il en pleuvait, à
tous mes équipiers.

BATTAGE. Dis donc, La Brise, avec quoi le paie-
rons-nous ?.. Je n'ai pas le sou, moi.

TOUS, *les uns après les autres.* Ni moi ! ni moi !

LA BRISE. Je n'en ai pas plus que vous, mais,
ô Battage, jeune présomptueux, nous paierons
dès qu'Octave, notre petit saute-ruisseau, sera
arrivé en Marne à Joinville-le-Pont.

BATTAGE. Oui, mais s'il n'arrive pas ?

LA BRISE. Battage, mon ami, permets-moi de te
dire poliment que tu es un imbécile. Sache donc
que nous l'avons prié de recouvrer nos appointe-
ments chez notre patron, maître Crochu, huissier. Nous l'avons chargé, en outre, du doux soin
de nous amener mesdemoiselles Niniche. Naïda,
Alcida et compagnie. Ce candide adolescent n'a-
busera ni de leur cœur, ni de notre or.

BATTAGE. En l'attendant, je propose un toast au
canot l'*Epervier.*

LA BRISE, *s'attablant à gauche avec ses compagnons.* Ça va !.. A sa bonne chance ! pour qu'il
pince la médaille d'or, et qu'il soit le triomphateur

le plus chocnosophe des régates... A l'*Epervier* et à ses équipiers !

TOUS. A l'*Epervier* !

REPRISE DU CHŒUR D'ENTRÉE.

SCÈNE II.

LES MÊMES, MARDOCHÉE. *Il arrive, pendant le chœur, en cherchant quelqu'un ; il s'approche des canotiers les uns après les autres, et va pour leur demander une indication, mais il se ravise et attend la fin du chœur. En ce moment, il est près de La Brise, tenant son chapeau à la main.*

MARDOCHÉE. Monsieur... Monsieur...

LA BRISE. Passez votre chemin... je n'ai pas de monnaie, mon brave homme.

MARDOCHÉE, *à part.* Ah çà, il me prend pour un Quinze-Vingt. (*Haut.*) Vous êtes dans l'erreur, Monsieur, je vous demande...

LA BRISE, *sans se retourner.* Je ne puis rien donner.

MARDOCHÉE. Mais je ne vous demande rien.

LA BRISE. Eh bien, alors, je vous l'accorde.

MARDOCHÉE. Je voudrais un simple renseignement... Avez-vous vu Clarinette ?

LA BRISE. Clarinette... connais pas... Clarinette, qu'est-ce que c'est que ça ?..

MARDOCHÉE. Ça ?.. ça ?.. c'est la tête de Cléopâtre, la main d'une duchesse, le pied d'une Chinoise, la taille d'une sylphide et la voix de l'Alboni... Voilà ce que c'est que ça !

LA BRISE. Quel drôle de nom !.. Pourquoi l'appelle-t-on Clarinette ?

MARDOCHÉE. Ce gracieux sobriquet lui fut donné à la suite de la révolution de Février, parce que, parce que... Au fait, ça ne vous regarde pas... Vous croyez donc que je vais vous raconter comme ça son histoire... Sachez seulement que j'ai vu Clarinette... j'en suis toqué... j'en suis bête à manger des queues d'artichaut !.. J'ai bien l'honneur de vous saluer. (*Il sort en courant.*)

SCÈNE III.

LES MÊMES, VIRGILE.
(*Ils cherchent à s'éviter, puis se choquent.*)

VIRGILE, *bousculé par lui.* Faites donc attention, jeune homme !

MARDOCHÉE. Avez-vous vu Clarinette, Monsieur ?

VIRGILE. Où prenez-vous Clarinette ?

MARDOCHÉE. Si ça ne fait pas pitié ! Sachez que Clarinette est... J'ai bien l'honneur de vous saluer. (*Il sort en courant.*)

LA BRISE. En voilà un drôle de pistolet !.. Il vous a fait mal, mon brave homme ?

VIRGILE. Au contraire, monsieur le marin !.. un grand coup d'épaule dans l'estomac, voilà tout... mais ce qui me contrarie le plus, c'est mon chapeau qu'il m'a renfoncé... il n'y a que six ans que je l'ai... et j'espérais finir mes jours avec lui...

LA BRISE. On voit que vous le soignez...

VIRGILE, *riant.* En effet, il est devenu gras. Ah bah ! rions donc un peu... Il vaut mieux rire de sa misère que de celle des autres.

LA BRISE. Vous avez l'air d'un bon enfant, vous, hé ! là-bas !

VIRGILE. Je n'en ai pas que l'air, j'en ai bien la chanson... ce n'est pas parce qu'on est vieux qu'on n'aime pas à voir s'amuser les jeunes.

LA BRISE. Voulez-vous accepter quelque chose ?

VIRGILE. Merci, monsieur le marin ; j'attends quelqu'un... mon petit voisin... Père Virgile, m'a-t-il dit, si vous voulez venir me rejoindre à Joinville-le-Pont, je vous y paierai à dîner, car j'aurai touché mon mois chez maître Crochu...

LA BRISE. Maître Crochu ?.. mais c'est notre patron... Comment nommez-vous votre jeune voisin ?

VIRGILE. Octave.

LA BRISE. C'est notre petit saute-ruisseau.

VIRGILE. Hein ! comme il le saute bien ? il est si gentil !

LA BRISE. Gentil, oui, mais un peu niais.

VIRGILE. Allons donc ! parce qu'il est moins dégourdi que vous. Si vous saviez comme il cause raisonnablement... C'est que je l'aime, voyez-vous, depuis le soir où j'allais mourir sans secours dans ma mansarde, et qu'il m'a soigné, cet enfant du bon Dieu ! Pour lui, je me jetterais dans l'eau... quoique je ne sache pas nager... pour lui, je me jetterais au feu, quoique je ne sois pas pompier.

BATTAGE. Ah çà, mais il tarde bien. (*On entend un bruit de voiture et de grelots.*)

LA BRISE. Silence, les autres ! voici des grelots qui annoncent l'arrivée des coucous de la Bastille... le jeune Octave va paraître. Voilà le moment de pousser des cris de joie. Regardez donc comme il se pavane dans le costume de canotier dont nous l'avons enjolivé. L'or arrive ! l'or va pleuvoir !.. Le baromètre m'annonce qu'il y aura des pochards ce soir.

BATTAGE. Courons au-devant de ces dames...

TOUS. Oui... oui... (*Ils remontent au fond.*)

VIRGILE, *sur le devant.* Oh ! la jeunesse ! oh ! l'insouciance ! oh ! mes jeunes années !... Vrai ! l'on se grise plus vite avec les souvenirs qu'avec une bouteille de vieux vin...

CRIS, *au dehors.* Oh ! de l'*Epervier* ! oh !..

LES CANOTIERS. Oh !..

SCÈNE IV.

LES MÊMES, OCTAVE, ALCIDA, NINICHE, NAIDA ET LES AUTRES GRISETTES.
(*Octave, en costume de canotier, paraît au milieu des grisettes : il est couronné de fleurs des champs.*)

ENSEMBLE.

Air : *Ah ! je suis t'y content.* (Bérat.)

Bien vite, avancez !
C'est trop bête !
Levez la tête !
Quoi ! les yeux baissés,
Lorsqu'ils devraient être amorcés ?
Allons, avancez !
Et levez la tête.
C'est aujourd'hui fête,
Allons, ennuis, disparaissez.

OCTAVE.

Oh ! laissez-moi !

TOUTES.

Non !

OCTAVE.

Mesdemoiselles, je vous prie !

ALCIDA, *riant.*

Quoi ! pour un garçon...

ALBUM DRAMATIQUE.

Recueil de Pièces Nouvelles jouées sur tous les Théâtres de Paris.

THÉATRE DES DÉLASSEMENTS-COMIQUES.

L'ARGENT PAR LES FENÊTRES

DRAME-VAUDEVILLE EN TROIS ACTES

Par MM. Albert **MONNIER** et Édouard **MARTIN**

Direction de M. Émile TAIGNY.

Prix : 30 centimes

Paris

LIBRAIRIE DU PASSAGE VENDOME, 19

1852

Cet air gauche est hors de saison.
NINICHE, *le lutinant.*
Dieu! les petits pieds,
Admirez sa taille jolie!
OCTAVE, *se débattant.*
Vous me chatouillez,
Vous m'agacez... vous m'ennuyez!
ALCIDA.
Vite, il faut danser.
OCTAVE.
On nous voit, c'est de la folie!
ALCIDA.
N' faut pas balancer...
Tremblez! je vais vous embrasser.

REPRISE DU CHŒUR.

(Elles le lutinent toutes.)

OCTAVE, *honteux.* Oh! Mesdames!.. je vous en supplie... on nous regarde... vous me compromettez...

ALCIDA. Eh bien! il est aimable!

LA BRISE. Sur ce, accepte mon bras, ma chère Alcida Roustoubique.

VIRGILE, *à lui-même.* Alcida Roustoubique... en voilà un nom!..

NINICHE. Où se rafraîchit-on ici?

BATTAGE. Voici les rafraîchissoirs, mademoiselle Niniche!

TOUS. A boire! *(Ils se rapprochent tous de la table (1).*

VIRGILE, *allant à Octave.* Bonjour, petit...

OCTAVE. Tiens! bonjour, papa Virgile... oh! si vous saviez... Figurez-vous que notre premier clerc, La Brise, m'avait dit d'aller chercher ces dames dans la rue Thévenot. Il prétendait que c'était dans un pensionnat... savez-vous où je suis tombé?.. en plein atelier de fleuriste... En route, ces dames m'ont pris le bras les unes après les autres... j'ai été compromis aux yeux de tout Paris...

VIRGILE. Ah! bah!.. Paris n'a pas fait attention à toi...

OCTAVE. Puis, en sortant du coucou, elles ont crié qu'il fallait m'orner de la couronne des rosières... elles ont cueilli ces fleurs dans les champs... et elles m'ont mis ça sur la tête... *(Il retire la couronne et en coiffe Virgile.)*

LA BRISE. Le moment est venu de parler raison. Octave, montre-nous le bout du nez de notre magot...

TOUS. Oui! oui!..

OCTAVE. Voici l'argent! *(Il le donne.)*

LA BRISE. C'est bien, jeune homme, l'exactitude est la politesse des saute-ruisseaux... Cric!

TOUS. Crac!

LA BRISE, *après avoir compté.* Il y a dix francs à manger par tête... c'est le débordement du Nil. Il faut porter Octave en triomphe dans le pays.

OCTAVE. Oh! non !.. je vous en prie...

ALCIDA. Eh bien! alors, il va nous chanter quelque chose.

TOUS. Ça va!

NINICHE. On dansera en rond au refrain.

OCTAVE. Oh! alors, je connais ce qu'il vous faut... Je commence...

A mon beau château, ma tante tire lire lire.
A mon beau...

1 Tous les canotiers et grisettes à table. Octave, Virgile.

TOUS. Assez !..

LA BRISE. Tu nous prends donc pour des moutards comme toi! avec ta tire, lire, lire.

OCTAVE. Dame! je ne sais rien autre...

LA BRISE. Bath! fais donc ta marchande de modes... Et la romance que nous t'avons apprise à l'étude... allons, la chanson de la Canotière de *l'Épervier !..* hô! hisse!.. monte sur cette table....

OCTAVE. Vous allez me faire tomber...

TOUS. Ah! hisse!.. oh! hisse! *(On le monte sur la table, que l'on apporte au milieu de la scène (1).*

LA BRISE. Dieu! qu'il est beau! ne dirait-on pas Henri IV sur le Pont-Neuf? De l'aplomb... et si tu veux te moucher, voilà une serviette... *(Il lui jette celle du traiteur.)*

OCTAVE. Vous le voulez...

TOUS. Oui!.. oui !..

OCTAVE.

Air de l'*Andalouse* (de Monpou):

C'est qu'il faut voir ma canotière,
Quand elle tient son aviron,
Admirez sa taille légère !
LES CANOTIERS.
Mille noms d'un nom !
OCTAVE.
C'est la plus belle marinière
Que possède l'embarcation.
LES CANOTIERS.
Cric!

OCTAVE.
Son œil est trop petit, sans doute;
Mais sa bouche est grande et sans dent.
Avec nous, lorsqu'elle fait route,
Ses jambes n'ont jamais la goutte;
Oui, mais son gosier l'a souvent,
Son gosier l'avale souvent!
TOUS.
Crac !
OCTAVE.
C'est qu'il faut voir ma canotière, etc...

DEUXIÈME COUPLET.

OCTAVE.
Oh! n'allez pas mal parler d'elle;
Citer cent amants qu'elle avait.
Pendant plus d'un an, cette belle,
Demeura constante et fidèle
Aux vingt canotiers qu'elle aimait,
Tout un équipage complet!
TOUS.
Crac!

REPRISE DU REFRAIN.

(On forme deux ronds autour de la table.)

TOUS. Bravo !.. *(Fanfares au dehors.)*

LA BRISE. Hé! les enfants!.. ceci nous annonce que les régates vont commencer... Il s'agit de tirer rudement à l'aviron... Canotiers, tâcher de gagner la grande médaille d'or... on l'a prend pour soixante francs au Mont-de-Piété! Crac!

TOUS. Cric!

REPRISE DU REFRAIN.

~~~~~~

SCÈNE V.

VIRGILE, OCTAVE.

VIRGILE. Eh bien! tu ne vas pas avec eux?..

OCTAVE. Non! on se fait des ampoules aux

1 Alcida, Octave, Labrise assis devant lui sur la table, Niniche, Battage, Virgile. Les autres en demi-cercle derrière la table.
~~~~~~

mains, et puis, j'aime mieux causer avec vous... mon bon Virgile, je suis bien heureux de vous avoir rencontré... vous êtes mon guide, mon soutien... mon bon ange.

VIRGILE. En voilà un ange râpé... avoue que je serais bien drôle avec de grandes ailes... j'en ai porté des ailes... mais de pigeon. (*Il rit.*)

OCTAVE. Je souffre bien, allez, de vous voir dans cette misère-là!..

VIRGILE. La misère!... allons donc, est-ce que ça existe... Il n'y a de misérable que les gens sans cœur et sans amis... Je manque de presque tout... c'est vrai... mais il y en a encore de plus pauvres que moi... Tant qu'on a un cœur pour aimer... et qu'on ne meurt pas tout à fait de faim, tant qu'on a la main d'un ami pour serrer votre main... eh bien! il n'y a pas de misère... Oui, oui!.. tant qu'il y aura de la jeunesse sur terre, il y aura du bonheur, de la joie... et vive la gaieté. Tra! là! là! là!

OCTAVE. Oh! si jamais je suis riche, vous le serez aussi.

VIRGILE. En gagnant vingt francs par mois, mon bonhomme, il faudra que tu fasses bien des économies... J'en aurais, moi, mais il y a un an, un pauvre cousin à moi, nommé Taboureau, a voulu partir pour la Californie.... j'avais économisé soixante-quinze francs... je les lui ai donnés.

OCTAVE. Dame! il allait dans le pays de l'or... il pouvait vous en envoyer...

VIRGILE. Bien heureux encore si, en échange d'un peu d'or, on n'y laisse pas sa peau... C'est ce qui est arrivé à mon malheureux cousin Taboureau... Pendant les six premiers mois de son séjour aux mines, ça n'allait pas trop mal... Tout à coup, il cessa de me donner de ses nouvelles, et hier, une lettre de son médecin m'a appris qu'il était mort à New-York... Il a, dit-on, chargé un Français... un monsieur... Joli... je crois... le nom ne me revient pas... de quelque chose pour moi... des papiers de famille sans doute. Viens! ne parlons plus de ça... allons manger des goujons...

OCTAVE. Et des épinards. C'est ça! (*Ils vont sortir.*)

SCÈNE VI.

LES MÊMES, MARDOCHÉE, *prenant le milieu.*

MARDOCHÉE, *à Octave.* Monsieur, vous n'avez pas rencontré ma Clarinette, s'il vous plaît?

VIRGILE. Vous vous répétez trop, mon cher... vous me l'avez déjà demandée, en me renfonçant mon chapeau.

MARDOCHÉE. On ne saurait trop se répéter quand on parle d'elle!.. ô Clarinette! je finirai par aller me précipiter dans un abîme quelconque, s'il me faut continuer ces fonctions pédestres dans le système du Juif errant... Bonjour, Messieurs. (*Il remonte.*)

OCTAVE. Venez, papa Virgile, dînons, puis nous irons voir les régates...

VIRGILE. Ça va, mon enfant.

ENSEMBLE.

Air : *Du perruquier de l'empereur.*

Allons, c'est jour de fête,
Ne songeons qu'au plaisir.
Vois déjà,
Voyez-moi, je m'apprête,
A me bien divertir.

VIRGILE.
D'un vin blanc, doux nectar,
J'aime la caresse.
C'est l'ami de la jeunesse,
Le lait du vieillard.
　Nous rirons,
　Nous boirons,
　Nous parl'rons.
　Nous caus'rons,
Et nous folichonnerons.

OCTAVE.
Nous jouerons,
Nous saut'rons,
Nous courrons,
Nous rirons,
Et puis nous chanterons.

VIRGILE.
Rions jusqu'au délire,
Le bonheur est partout.
Surtout quand on sait rire,
Mais bien rire de tout.

REPRISE DE L'ENSEMBLE.
Rions jusqu'au délire, etc.

(*Ils sortent.*)

(*Depuis le moment où Mardochée est remonté, de Marsan et Valentine sont au fond du théâtre : Mardochée s'approche d'eux le chapeau bas, mais à l'instant de leur parler il hésite, remet son chapeau et continue son chemin.*)

SCÈNE VII.

DE MARSAN, VALENTINE.

VALENTINE. Appuyez-vous sur moi, mon père, je suis forte.

DE MARSAN. Oh! il fait une chaleur!.. maudites soient les fêtes de village...

VALENTINE. Voulez-vous rentrer au château, mon père?

DE MARSAN. Rentrer, mais non! ce n'était pas la peine de sortir alors!

VALENTINE. Reposez-vous un instant...

DE MARSAN. Mais je ne suis pas fatigué, parbleu! nous ne sommes pas si loin de notre maison... cinq minutes de chemin... seulement cette manie de fêtes, de plaisirs, m'ennuie, m'agace, m'irrite... Et on appelle cela vivre à la campagne. (*Il s'assied.*)

VALENTINE. Mon père, mon bon père, depuis quelque temps vous n'êtes plus le même avec moi; dans notre maison, vous semblez m'éviter, et si parfois nous sortons ensemble, je vois votre front se rembrunir tant que dure notre promenade. Il faut que j'aie commis une grande faute.

DE MARSAN. Valentine! pauvre enfant! je t'ai parlé brutalement... cela m'arrive quelquefois, souvent même... Tu dois bien me détester?

VALENTINE. Oh! non, puisque vous me donnez la main, puisque vous me dites *tu*, puisque je retrouve en vous mon père...

DE MARSAN, *pensif.* Son père!..

VALENTINE. Oh! voyez-vous, j'ai toujours pensé que...

DE MARSAN. Tu as toujours pensé?...

VALENTINE. Rien! rien, mon père!

DE MARSAN. Parle donc!

VALENTINE. Eh bien... j'ai toujours pensé que vous aviez un grand et profond chagrin; et alors je me disais que c'était mal de cacher vos peines à votre fille... Oh! si ma mère était encore de ce monde... nous vous entourerions de tant de soins, de tant d'amour... Oh! comme elle devait vous aimer, ma mère!

DE MARSAN, *la repoussant légèrement.* Ta mère! ta mère!... laisse-moi...

VALENTINE. Mon Dieu! que je suis malheureuse!

DE MARSAN, *se levant.* Non! viens ici... Valentine... Il faut me pardonner ma brusquerie. Si je te semble si fort contrarié en ce moment, c'est que mon ancien associé, M. Boisjoli, n'est pas encore de retour... et cependant, d'après sa dernière lettre, il devrait être en France depuis plus de quinze jours.

VALENTINE. Je croyais que vous ne vous occupiez plus de commerce...

DE MARSAN. Dieu merci! je suis riche; mais mon ancien associé a été moins heureux; il a placé ses fonds dans des spéculations hasardeuses... et il a tout perdu! Pour dissimuler des secours que je rougirais de lui offrir, je lui donne depuis quelques années des missions de peu d'importance... c'est un moyen honnête de lui faire accepter de l'argent.

VALENTINE. Mais alors, pourquoi vous tourmenter de ses retards... qu'il reste à New-York ou qu'il soit ici, que vous importe?

DE MARSAN. Oh! cette fois, il s'agit d'autre chose...

VALENTINE, *à part.* Décidément, il a un grand secret.

VOIX, *en dehors.* C'est bien, mon ami, c'est bien!

SCÈNE VIII.

LES MÊMES, BOISJOLI, UN JARDINIER.

(Boisjoli entre précédé d'un jardinier.)

BOISJOLI. Vous dites que je trouverai aux régates ce cher de Marsan?

DE MARSAN. Cette voix... c'est Boisjoli!

BOISJOLI, *apercevant de Marsan et Valentine.* Ce cher de Marsan!.. cette bonne Valentine!.. Ah! ça fait plaisir de revoir des figures amies (1)! *(A Valentine.)* Toujours jolie!

VALENTINE. Monsieur!

BOISJOLI. Et vous, cher de Marsan... comment va la santé? Voilà pourtant treize mois que j'ai quitté la France!

DE MARSAN, *la figure joyeuse.* Je suis heureux de ce retour, mon ami; et cependant je devrais vous gronder, vous avez bien tardé.

BOISJOLI. Je descends à l'instant de chaise de poste; je n'ai pas même pris le temps de mettre un vêtement plus convenable. Vous m'excusez?..

DE MARSAN. Comment donc?.. *(Bas.)* Eh bien! y a-t-il du nouveau?

BOISJOLI, *bas.* Oui!

DE MARSAN, *bas.* Tant mieux! *(Haut.)* Valentine, j'ai à causer avec Boisjoli; faites-vous conduire par Jean, notre jardinier, aux régates, dans notre tribune réservée.

VALENTINE. Mais, mon père...

DE MARSAN, *brusquement.* Allez! partez, vous dis-je!

1 Valentine, Boisjoli, de Marsan, le jardinier au fond.

Air : *D'une baignoire.* (Doche.)

Vous le voyez, il s'agit d'une affaire,
Je dis : partez! ce mot est suffisant.

BOISJOLI.

Mais à quoi bon ce soir? demain, j'espère
Vous en causer aussi bien qu'à présent.

DE MARSAN.

Non pas, vraiment!

BOISJOLI.

Allons, pas de colère!

VALENTINE, *à part.*

Quel changement dans son cœur généreux!
Pour me parler ainsi, mon pauvre père,
Hélas! tu dois être bien malheureux!

ENSEMBLE.

Oui, je le vois, c'est une grande affaire,
Laissons-le donc au gré de son dessein.
Puissé-je un jour, sans braver sa colère,
Savoir la cause de son grand chagrin.

BOISJOLI ET DE MARSAN.

Vous le voyez, il s'agit d'une affaire.
Laissez-le
Laissez-moi donc au gré de $\frac{son}{mon}$ dessein.

Peut-être un jour, sans braver $\frac{ma}{sa}$ colère,

Connaitrez-vous le fond de $\frac{son}{mon}$ chagrin.

(Valentine salue et sort à droite avec le jardinier.)

SCÈNE IX.

DE MARSAN, BOISJOLI.

DE MARSAN. Nous sommes seuls... Eh! bien... parlez!

BOISJOLI, *à part.* Je veux bien que le diable m'emporte si je sais quelle fable inventer!..

DE MARSAN. Eh bien! mon neveu!..

BOISJOLI. Pour ce qui est d'exister... il existe.

DE MARSAN. L'avez-vous vu, lui avez-vous parlé?

BOISJOLI. Comme vous y allez, vous... il faut que je vous dise...

DE MARSAN. Au fait, Boisjoli! au fait!

BOISJOLI, *embarrassé.* Laissez-moi donc le plaisir de vous faire une agréable surprise. Je suis sur sa trace... je le tiens... presque...

DE MARSAN. Tout cela, ce sont des mots... Des faits! je veux des faits!

BOISJOLI. Silence! méchant! vous en aurez tout à l'heure... *(A part.)* Gagnons du temps!

DE MARSAN. Vous le voulez... Je modère mon impatience; si vous saviez, Boisjoli, combien je suis désireux de retrouver ce neveu, afin de remplir la promesse faite à mon frère mourant. Pauvre frère! je le vois encore expirant à la suite d'un duel; c'était une mauvaise tête. Il me fit appeler à ses derniers moments : Ami, je vais mourir, me dit-il, mais je ne veux pas périr avec des remords. J'ai eu un fils dans ma jeunesse... Obligé de partir à l'armée, j'ai abandonné la mère et l'enfant... Il y a quinze ans de cela. Frère, me jures-tu de rechercher cet enfant et de réparer ma faute? Je le lui promis, il me remercia du geste et retomba sur son lit pour ne plus se relever. J'eus confiance en vous, Boisjoli, je vous chargeai du soin de retrouver mon neveu.

BOISJOLI. Et j'ose me flatter que cette confiance a été bien placée...

DE MARSAN. Franchement, vous avez été bien

négligent. Depuis treize mois, à quoi ont abouti toutes vos démarches?

BOISJOLI. Tranquillisez-vous, nous touchons au port. Bientôt vous pourrez vivre heureux près de votre neveu et de la charmante Valentine votre fille...

DE MARSAN. Ma fille! ne prononcez plus ce nom devant moi...

BOISJOLI. Qu'y a-t-il donc eu de nouveau pendant mon absence? Est-ce qu'elle a perdu votre affection?

DE MARSAN. Hélas! non. Je l'aime, je l'adore, et je la hais tout à la fois!

BOISJOLI. C'est difficile à comprendre.

DE MARSAN. Depuis votre départ, Boisjoli, un doute affreux, épouvantable, s'est emparé de mon âme; j'ai appris... oh! plaignez-moi, mon ami... j'ai appris que Valentine n'était pas ma fille...

BOISJOLI. Que me dites-vous?

DE MARSAN. Ce secret que j'aurais voulu emporter dans la tombe me pèse, il faut que je vous dise tout. Je ne vous rappellerai pas, Boisjoli, nos premières relations; nous étions associés pour une exploitation dans les colonies, l'avenir nous souriait, lorsqu'une affreuse catastrophe vint changer en deuil toutes nos espérances.

BOISJOLI. Hélas! nos deux femmes, que nous avions laissées ensemble au Havre, périrent dans une promenade sur mer, qu'elles avaient faite en compagnie d'un jeune officier, M. de Charny. J'ai bien pleuré notre ami de Charny... et ma femme...

DE MARSAN. De Charny était un lâche!

BOISJOLI. Comment?

DE MARSAN. Ce misérable a porté le déshonneur dans ma maison!

BOISJOLI. Qui vous fait penser cela?

DE MARSAN. Il y a un an, peu de temps après votre départ, j'étais resté seul ici avec Valentine. Un jour, j'eus besoin de chercher quelques papiers... jour fatal! je mis la main sur un coffret qui avait appartenu à ma femme; ce coffret contenait encore éparses et telles que la mort les avait laissées, toutes les lettres que je lui écrivais des colonies. Je les relus les unes après les autres, je l'aimais tant! Mais jugez de ma stupeur et de mon effroi en trouvant parmi ces protestations de tendresse, deux lettres adressées à Clémence... deux lettres d'une autre écriture que la mienne!..

BOISJOLI. Vraiment!

DE MARSAN. C'étaient deux lettres d'amour écrites par cet infâme de Charny... Il parlait de son chagrin de ne pouvoir avouer tout haut son bonheur... oui, son bonheur... (Avec amertume.) car il était le père d'une fille que sa Clémence, disait-il, venait de mettre au monde... ma honte était palpable!.. je ne pouvais confondre l'épouse adultère... je ne pouvais tuer l'amant infâme..... Dieu les avait dérobés à ma vengeance... mais Valentine était là... Valentine, la preuve vivante de mon déshonneur... J'eus un instant la pensée de l'abandonner... mais, me disais-je, si par suite d'une de ces combinaisons que la fatalité aime à jeter dans la vie des hommes, Clémence était innocente, si Valentine était ma fille!.. Enfin! est-ce que je sais, moi!.. je restai... je m'inclinai devant les volontés de la Providence... Comprenez-vous maintenant pourquoi j'aime et je hais tout à la fois Valentine?

BOISJOLI. Ce pauvre de Marsan!

DE MARSAN. Voilà pourquoi j'ai hâte de retrouver le fils de mon frère... c'est à lui que revient légalement ma fortune.

BOISJOLI. Légalement, non! aux yeux de la loi, Valentine est toujours votre fille.

DE MARSAN. Je le sais... aussi lui assurerai-je un avenir modeste... le reste de mes biens appartiendra à mon neveu... pourvu toutefois qu'il soit honnête et digne de moi...

BOISJOLI. Pourtant...

DE MARSAN. Oh! j'ai prévu toutes les objections. Si par hasard ce jeune homme ne répondait pas à mes espérances, sachez que, par mon testament, j'ai tout arrangé... à vous, Boisjoli, mon héritage, et après vous, tous mes biens aux pauvres.

BOISJOLI. Quoi! vrai?..... (A part.) Diable!... diable!...

DE MARSAN. A présent que j'ai soulagé mon cœur, j'attends tranquillement votre communication... Venez-vous avec moi?

BOISJOLI. Non... merci... Je vous demanderai la permission de souffler un peu... Rentrez, je vous rejoins.

DE MARSAN. A votre aise, mon ami...

Air : *Dernière pensée de Wéber.*

Vous le voulez! je rentre à ma demeure.

BOISJOLI.

C'est entendu.

DE MARSAN,

Mais bientôt vous viendrez !
Songez-y bien, si je vous donne une heure,
C'est que je crois qu'enfin vous parlerez.
Dois-je espérer un bonheur que j'envie ?
Ce doux espoir, je le vois s'approchant...
Et le bonheur, au déclin de la vie,
C'est un rayou qui dore le couchant.

REPRISE ENSEMBLE.

BOISJOLI.

Oui, retournez jusqu'à votre demeure,
C'est entendu, bientôt vous m'y verrez.
Cher de Marsan, si je demande une heure,
Croyez-le bien, vous m'en remercirez.

(*De Marsan sort par la gauche.*)

SCÈNE X,

BOISJOLI, *seul.* Voyons! voyons! réfléchissons! Je viens d'en apprendre de belles... Un pressentiment me disait bien de ne pas m'occuper de ce neveu, car ce petit drôle inconnu me porterait malheur!... J'avoue franchement que, si je suis allé en Amérique, ça n'a pas été pour faire la chasse au neveu... Ce n'était pas là-bas que je l'aurais cherché, mais bien à Paris en commençant par les enfants trouvés... (*Sortant des papiers de sa poche.*) Les indications qu'il m'a données sont précises... Le fils de Marguerite Verneur a été porté aux Enfants-Trouvés après la mort de sa mère... Si je ne le cherche pas il le cherchera lui-même. Sacrelotte!... je suis destiné à passer toujours à côté de la fortune... Primo, je gagne quelques centaines de mille francs, grâce de Marsan... Pan !... je les perds !... Secundo, je suis sur le point d'hériter du susdit... un héritage splendide !... Pan ! le voici qui me glisse entre les doigts. Tertio, j'ai là de quoi faire toucher une centaine de mille francs à un homme que je ne connais pas... Eh bien, je gage qu'il ne me dira pas seulement merci !... Ah! les hommes

sont bien méprisables !... moi, tout le premier !
Écrivons au directeur de l'hospice... Garçon !
tout ce qu'il faut pour écrire.

LE GARÇON. Monsieur, donnez-vous la peine
d'entrer. (*Il lui désigne la maison. Il y entre.*)

SCÈNE XI.

TOUS LES CANOTIERS et TOUTES LES GRI-
SETTES, *puis* OCTAVE, VIRGILE, VALEN-
TINE et LE JARDINIER.

(*Alcida ouvre la marche avec un grand mirliton,
c'est le tambour-major. Les grisettes portant
des tambours d'enfants et des mirlitons obéis-
sent à ses commandements. La Brise est porté
en triomphe sur des avirons par les canotiers.
Il est décoré d'une médaille d'or. On porte devant lui un pavillon d'honneur. Puis Octave,
Virgile, Valentine et le jardinier.*)

CHŒUR.

Air de marche militaire.

> Victoire, amis, victoire !
> Chantons un chœur joyeux.
> Nous triomphons à tous les yeux !
> Amis, chantons la gloire
> Du canot, l'*Epervier.*
> Au but parvenu le premier !

LA BRISE. Garçon ! à boire à tout le monde !
c'est l'*Epervier* qui est le vainqueur de la course.
Saluez La Brise, son patron.

TOUS. Vive La Brise !

LA BRISE, *désignant sa médaille.* Garçon, ne
crains rien pour la consommation, j'ai de l'or.

ALCIDA. Oui, aujourd'hui il a une médaille au
cou, demain elle sera au clou...

NINICHE. Eh bien, où est donc passé M. Octave ? Est-ce qu'il s'est évaporé.

BATTAGE. Tiens ! on le ramène par ici... Il est
tout pâle... (*Octave entre, appuyé sur Virgile et
sur Valentine, le jardinier les suit.*)

LA BRISE. Est-ce qu'il est malade ?

VIRGILE. Ce n'est rien... Il va mieux...

ALCIDA. Qu'est-ce qu'il lui est donc arrivé, à
ce moucheron ?

VALENTINE. Pauvre jeune homme !... c'est le
bruit ! la foule ! la poussière ! la chaleur !... Il
s'est trouvé mal.

LA BRISE. Avale un verre d'eau-de-vie ça te
remettra sur tes jambes...

OCTAVE. Non ! non ! merci ! Je me sens mieux,
(*Regardant Valentine.*) Je suis même très-bien.

VALENTINE. Il me reste beaucoup à vous remer-
cier, Monsieur, car c'est en m'aidant à franchir
les gradins où je m'étais placée, c'est en me donnant la main que cet accident vous est arrivé.

OCTAVE. Je vous voyais embarrassée dans cette
cohue, Mademoiselle, et j'étais bien heureux de
vous rendre un si petit service.

VALENTINE. Si avez besoin de secours, Mon-

À Alcida, La Brise, derrière eux les canotiers
groupés avec les grisettes, Valentine, Octave, Virgile,
par derrière le jardinier et des passants.

sieur, venez chez mon père... Nous habitons ce
pays, au bout de l'avenue... Il vous remerciera
de votre obligeance pour sa fille Valentine.

OCTAVE. Valentine !...

VALENTINE. Venez, Jean !... Adieu, Monsieur...

OCTAVE. Adieu, Mademoiselle. (*Valentine sort à
gauche.*)

SCÈNE XII.

LES MÊMES, *excepté* VALENTINE.

OCTAVE. Oh ! comme elle est bien, cette demoiselle !...

LA BRISE, *attablé avec sa société.* Attaquez la
consommation. Tu n'es pas des nôtres, Octave ?

OCTAVE. Non, je me sens tout je ne sais comment.

VIRGILE. Ça veut faire le galant avec les belles
demoiselles... Ça va dans la foule... Ça se fait
bousculer... et puis ça se trouve mal.

OCTAVE, *toujours pensif.* Elle s'appelle Valentine, c'est un joli nom, n'est-ce pas ?

VIRGILE. Pardieu !... Il y a des princesses qui
portent ce nom... Il n'y a même que des princesses qui s'appellent Valentine... Buvons à Valentine ! (*Ils se mettent à table à droite.*)

SCÈNE XIII.

LES MÊMES, CLARINETTE, *puis* BOISJOLI.
(*Clarinette entre d'un air modeste et sans rien
dire. Elle accorde sa guitare et chante une
chanson des rues. Quand elle a chanté, elle
fait sa quête. Au milieu du brouhaha ordi-
naire des guinguettes, Boisjoli sort de l'auberge
à ce moment, une lettre cachetée à la main.*)

CLARINETTE. N'oubliez pas la petite chanteuse,
s'il vous plaît. (*Les canotiers lui donnent, Elle
arrive à Boisjoli.*) La petite chanteuse, s'il vous
plaît.

BOISJOLI, *réfléchissant.* Laissez-moi donc tran-
quille.

CLARINETTE. Oh !... il n'est pas aimable, celui-
là !... (*Elle arrive à Octave.*) La petite chanteuse,
s'il vous... Tiens ! Octave !...

OCTAVE. Tiens ! Clémentine !

VIRGILE, *se levant,* Il connaît des chanteuses !

OCTAVE. Comment, c'est toi !

VIRGILE, *à lui-même.* Et il les tutoie !...

CLARINETTE. C'est drôle, comme on se retrouve !

OCTAVE. Te voilà donc chanteuse, ma pauvre
Clémentine ?

CLARINETTE. D'abord, je ne m'appelle plus Clémentine... n-i-ni... ce nom-là est fini. Je m'appelle Clarinette. (*Elle fredonne sans orchestre.*)

Air des Infidélités de Lisette.

> Hé zon, zon, zon,
> Clarinette (*bis.*)
> Hé zon, zon, zon,
> Clarinette est mon nom !

Et toi, que fais-tu, Octave ?

BOISJOLI, *qui allait sortir.* Octave ?...

OCTAVE. Je suis tout bonnement petit clerc
d'huissier... J'aimerais mieux être millionnaire.

CLARINETTE. Millionnaire... On ne nous a pas appris cet état-là aux Enfants-Trouvés.

BOISJOLI, *à part.* Ah! ce sont des enfants trouvés!

CLARINETTE. Je n'oublierai jamais le jour où l'on nous a priés tous les deux de quitter l'établissement.

OCTAVE. Le directeur me fait appeler et me dit : « Mon enfant, vous avez l'âge où les règlements « veulent qui vous quittiez la maison. On vous « offre une place modeste dans une étude... al- « lez... et soyez honnête homme... voici votre « acte de naissance... Il constate que vous avez « été apporté ici après le décès de votre mère, « Marguerite Verneur... »

BOISJOLI, *à part.* Marguerite Verneur... ô hasard !.. mais c'est le neveu en question !..

CLARINETTE. Moi, c'est bien différent... la directrice m'apprit que mes parents m'avaient totalement oubliée en nourrice... quand la chère femme qui me servait de biberon-Darbo s'aperçut de cette négligence, comme elle m'adorait excessivement, elle m'apporta aux Orphelins, où je suis restée en plan... c'est égal, si j'ai du quibus quelque jour, j'irai lui payer mes mois de nourrice... j'ai de la nature, moi...

Air de Marie.

Et toujours la nature
Embellit la beauté...

OCTAVE. J'espère que tu viendras nous voir...

CLARINETTE. Monsieur a-t-il des jours de réception?.. Monsieur est-il marié?.. où perches-tu, Monsieur ?

OCTAVE. Boulevard du Temple, à l'endroit qu'on appelle la Galiote !

CLARINETTE. C'est là que demeurait en dernier lieu la femme qui m'a nourrie... une madame Bernard...

OCTAVE. Madame Bernard... c'est le nom de ma portière... ça serait drôle si c'était la même personne... une brave femme !..

CLARINETTE. Une très-brave femme... Elle m'a mise aux Enfants-Trouvés avec tous les égards dus au malheur... et avec un peu de linge blanc... nous renouerons connaissance... elle ne me reconnaîtra peut-être pas... et moi encore moins... mais comme mes parents ne m'ont pas reconnue non plus... ça me sera moins sensible... j'irai te voir... nous rirons une petite miette...

Air des Étudiants.

Hé! youp! youp! youp! on se réjouira,
Hé! youp! youp! youp! on folichon'ra,
Hé! youp! youp! youp! on rira très-fort,
Hé! youp! on dira des bêtises à mort!

BOISJOLI, *à part.* Plus je réfléchis et moins je trouve un expédient.

VIRGILE. Clarinette, vous me plaisez, Clarinette, vous avez un fonds de gaieté qui me va...

CLARINETTE. Je suis toujours prête à partager ce fonds-là avec mes amis... sans préjudice de ceux... de fonds... qu'on peut avoir dans sa poche... A ton service, Octave...

Air du Maçon.

Partageons (*bis*.)
Les petits picaillons !

OCTAVE. De l'argent!.. non... non... merci !..

CLARINETTE. N'aie pas peur... ce n'est pas l'argent de la charité... c'est le prix du talent... c'est

le pain de l'artiste... tu crois donc que si tu devenais huppé, je me ferais des scrupules?.. jamais!

OCTAVE. Oh! si j'étais riche !..

CLARINETTE. Ah! si j'avais de quoi !..

VIRGILE. Mes pauvres enfants, ne souhaitez pas la richesse... elle dessécherait peut-être votre bon cœur... L'argent, voyez-vous... mais c'est le meilleur moyen que l'on puisse employer pour flétrir deux jeunes cœurs comme les vôtres.

OCTAVE. Ah! bath !..

CLARINETTE.

Air de Panseron.

La fortune, importune,
Lui paraît
Sans attrait...

VIRGILE. Mes bons amis, à votre âge, je le répète, la fortune serait une calamité, ce serait la porte ouverte à tous les vices...

BOISJOLI, *à part.* Cet homme a raison... de l'or, beaucoup d'or... et ce jeune homme est perdu... s'il devient un mauvais sujet... de Marsan le repoussera, . et alors... à moi l'héritage !.. (*Mardochée paraît.*)

SCÈNE XIV.

LES MÊMES, MARDOCHÉE.

MARDOCHÉE, *aux grisettes attablées.* Mesdemoiselles, avez-vous vu Clarinette ?

CLARINETTE. Qui prononce mon nom ?

MARDOCHÉE, *l'apercevant.* Clarinette ! c'est elle ! mon cœur gigote (1) !

CLARINETTE. Tiens! vous voilà, vous, fils d'adjoint ? bonsoir, bonne nuit!

MARDOCHÉE. C'est ainsi que vous m'accueillez, après huit jours d'absence... je suis allé au pays, demander de l'argent à papa... j'ai obtenu ma légitime, soixante-dix-sept francs zéro deux centimes, les voulez-vous ?

CLARINETTE. Je vous ai déjà dit que vous m'ennuyiez...

MARDOCHÉE. C'était avant mon départ... il pleuvait ce jour-là... vous aviez vos nerfs...

CLARINETTE. Je les ai toujours... vous m'agacez... laissez-moi aller chanter la *Favorite*.

MARDOCHÉE. Mais c'est vous qui l'êtes, ma favorite !.. j'aurai un jour douze cents francs de rente... je vous les offre... devenez madame Mardochée... soyez la fille de l'adjoint de la commune d'Étain... (Seine-et-Oise). Mon père est un fonctionnaire d'Étain...

CLARINETTE. Monsieur Mardochée, vous ne me déplaisez pas, je l'avoue... mais vous m'ennuyez... Le fils d'un riche bonhomme d'Étain ne peut pas épouser une pauvre chanteuse des rues...

Air : Il était une bergère.

La différence est grande,
Eh! ron, ron, ron !
Petit patapon!
Je n'épous'rai qu'un homme
Qu'aura ma profession.
Ron! ron!

1 Grande table garnie de canotiers et de grisettes, Mardochée. Table occupée par Clarinette, Octave, Virgile. Par derrière, tables garnies par les chœurs.

MARDOCHÉE. Ainsi vous me préférez un Auvergnat, un Limousin, un Savoyard, pourvu qu'il tourne de la manivelle... Eh bien ! vous aurez des preuves de mon amour... je ne vous dis que ça... je ne vous dis que ça ! (*Il sort à droite.*)

CLARINETTE. Adieu, Mardochée... moi, je continue ma tournée chantante... Octave, te reverrai-je par ici ?

OCTAVE. Volontiers !

LA BRISE, *qui a réglé ses comptes avec le garçon traiteur.* Et nous, au canot !

CHŒUR.

Air du *Curé Patience.*

Vrai flamblard !
Vrai chicard !
Le canotier de la Seine,
Est toujours amusant,
S'il a la bourse pleine
D'argent !

(*On part à droite ; Octave va pour sortir, Boisjoli le retient. Virgile s'arrête au fond.*)

SCÈNE XV.

BOISJOLI, OCTAVE, VIRGILE, *à l'écart.*

BOISJOLI, *à part.* Avant toutes choses, sondons le terrain... (*Haut.*) Jeune homme... deux mots, s'il vous plaît !

OCTAVE. A moi, Monsieur ?..

VIRGILE, *à part, il reste au fond.* Qu'est-ce qu'il lui veut, celui-là ?..

BOISJOLI. Ne vous nommez-vous pas Octave ?..

OCTAVE. En effet, Monsieur...

BOISJOLI. Vous avez été élevé aux Enfants-Trouvés ?.. vous êtes maintenant petit clerc dans une étude ?..

OCTAVE. Oui, Monsieur.

BOISJOLI. Vous avez seize ans environ, et vous êtes le fils de Marguerite Verneur ?

OCTAVE. Oui, Monsieur... mais je ne comprends pas le motif de vos questions... Qui êtes-vous ?... je ne vous connais pas.

BOISJOLI. Je me nomme Astolphe Boisjoli, ancien négociant... j'arrive à l'instant même en ce pays, de retour d'un long voyage à New-York.

VIRGILE. New-York... Boisjoli... voilà le nom que je cherchais... (*Il consulte une lettre qu'il tire de sa poche.*) Oui, c'est cela. (*Passant au milieu, et lui tapant sur l'épaule.*) Vous êtes mon homme, vous !

BOISJOLI. Hein ! qu'est-ce ?..

VIRGILE. Deux mots, s'il vous plaît.

BOISJOLI. Tout à l'heure, quand j'aurai terminé avec ce jeune homme...

VIRGILE. Ce jeune homme est mon ami, il permet que je passe avant lui. Voici une lettre qui m'a été écrite par le médecin de mon pauvre cousin Taboureau, qui est mort à New-York.

BOISJOLI. Taboureau... Est-ce que vous vous nommez Virgile, ancien maître d'écriture ?

VIRGILE. C'est ça même.

BOISJOLI, *à part.* Voilà un véritable carambolage du hasard !..

VIRGILE. J'ignore tout à fait ce que peuvent me dire ces papiers... mais je suis curieux de savoir...

BOISJOLI. Quoi !.. vous ignorez ce dont je suis chargé ?..

VIRGILE. Complétement. Voici ce que m'écrivait le docteur... (*Il lui donne la lettre.*) Lisez, il n'y a que quatre lignes.

BOISJOLI, *après avoir lu.* C'est vrai... une lettre insignifiante... (*A part.*) Oh ! si je pouvais... c'est hardi... c'est ingénieux... et le succès est certain.

VIRGILE. Parlez-moi donc, Monsieur...

BOISJOLI. Brave homme, avant de mourir, votre infortuné cousin Taboureau m'a chargé d'acquitter une dette de reconnaissance... Il savait que j'étais riche... car je suis riche, Monsieur... il m'a fait jurer d'avoir soin de votre vieillesse... et j'en aurai soin.

VIRGILE. Que de générosité !

OCTAVE. Ah ! c'est un beau trait !

BOISJOLI. On dit que je suis excentrique... j'aime l'excentricité, moi... Je vous veux du bien, (*A Octave.*) et à vous aussi, jeune homme... Je suis l'ami de votre famille.

OCTAVE, *passant au milieu.* Que me dites-vous, Monsieur ?.. quoi !.. j'aurais une famille ?.. Oh ! conduisez-moi vers mon père, que je le serre dans mes bras.

BOISJOLI. Votre père n'existe plus.

OCTAVE. Pauvre père !.. Alors, qui donc a songé à un orphelin ?

VIRGILE. Nous voilà tous les deux orphelins.

BOISJOLI. Un homme de cœur qui veut réparer les torts de son frère.

OCTAVE. Un oncle !..Oh ! son nom ?..

BOISJOLI. Le moment n'est pas encore venu de vous le révéler... Cet oncle m'a chargé de faire de vous un jeune homme capable de figurer convenablement dans ses salons.

VIRGILE. Il a des salons... Adieu, monsieur Octave, nous ne pouvons plus nous voir.

OCTAVE. Pourquoi cela ?

VIRGILE. Demande-le à mon habit,.. chapeau, fais-lui ma réponse.

Air : *Tu n'as pas vu ces bosquets de lauriers.*

Adieu, petit !

OCTAVE.

Il faudrait nous quitter..
Nous qui faisions en tout cause commune ?
Non pas! restez, pour m'aider à porter
Ce doux fardeau qu'on nomme la fortune.
Hier, sous les toits, et souffrant de la faim,
Nous nous jurions, devant Dieu qui regarde,
De partager bon ou mauvais destin,
Oh ! laissez-moi partager notre pain
Au salon comme à la mansarde.

BOISJOLI. Séparer deux amis tels que vous... allons donc ! n'ai-je pas promis à votre cousin Taboureau de veiller sur vous ?.. Il va falloir s'occuper de l'éducation de ce jeune homme !.. sa famille est riche, il faut qu'Octave s'instruise, et prenne un langage, des mœurs et des habitudes plus conformes à sa nouvelle position... monsieur Virgile, vous sentez-vous de force à le diriger dans ce sens ?

VIRGILE. J'aimerais mieux ne me charger que de perfectionner son écriture... parce que, voyez-vous, je n'ai pas les habitudes d'un lion...

OCTAVE. Croyez-vous donc qu'on ait besoin de maître pour apprendre les manières du beau monde ?.. il suffit de regarder... et dès qu'on a de l'argent dans sa poche...

BOISJOLI, *à part.* Il mord à la grappe... (*Haut.*) Bravo ! Octave, je vois que je puis vous avouer que ce ne sera ni cinquante francs, ni cent francs que vous aurez à manger par jour, mais quelque chose comme... cinq cents frans! votre oncle est archi-millionnaire !

OCTAVE. Cinq cents francs?... Je me sens de force à manger cinq cents francs par jour.

VIRGILE. Pardine! nous mangerons facilement cinq cents francs par jour.

BOISJOLI. Eh bien! en attendant l'arrivée de votre oncle, je vous les donne.

VIRGILE ET OCTAVE. Quel bonheur!

BOISJOLI. Mais c'est à une condition.

OCTAVE. Elle est acceptée d'avance.

BOISJOLI. Écoutez-la d'abord. Si un seul jour vous ne dépensez pas vos cinq cents francs, le lendemain je vous coupe net les vivres... je ne vous envoie plus un rouge liard... et je me fâche avec vous. J'abhorre tout ce qui ressemble à l'économie... c'est encore une de mes excentricités.

OCTAVE. Ne craignez rien, honnête financier, on mangera tout, je m'en charge..... Oh! la fortune!

VIRGILE. Oh! la fortune!

BOISJOLI, *lui frappant sur l'épaule.* Vous qui en disiez tant de mal tout à l'heure.

VIRGILE. Dame! je n'avais pas le sou... mais je ne suis pas fâché de faire sa connaissance.

BOISJOLI, *donnant un billet de mille francs à Virgile.* Cher intendant, faites-moi un reçu de ce billet de mille francs que je vous donne...

OCTAVE, *prenant le billet.* Mille francs!.. c'est mille francs, ça?

VIRGILE. Un reçu de mille francs? allons donc! je veux vous en faire un de deux mille... mais je vous en préviens... ma signature ne vaut pas grand' chose. (*Il tire son encrier de poche et signe le reçu.*)

BOISJOLI. Je la trouve bonne moi. Monsieur Virgile, prenez cette adresse, vous vous présenterez de ma part rue du Helder, à l'hôtel de l'Europe... ses plus beaux appartements seront mis à votre disposition.

OCTAVE. Un hôtel!.. nous avons un hôtel!..

BOISJOLI. Demain j'irai vous y porter la somme quotidienne.

VIRGILE. O mon bienfaiteur!.. ô Jolibois! non, Boisjoli, permettez-moi de vous adresser des vers latins...

BOISJOLI. Je vous en dispense... Adieu, mon cher Octave... dépêchez-vous de faire des progrès.

OCTAVE. Je tâcherai, Monsieur.

BOISJOLI, *en sortant à gauche.* Pardieu! voilà une bonne journée!

<hr>

SCÈNE XVI.

VIRGILE, OCTAVE.

OCTAVE, *au comble de la joie.* Eh bien! Virgile?

VIRGILE. Eh bien! mon enfant... le plus clair, c'est le billet de mille... As-tu envie de quelque chose?

OCTAVE. J'ai envie de tout!

VIRGILE. Eh bien je te l'achèterai. Moi, je vais aller faire emplète d'une redingote au Temple.

OCTAVE. Au Temple?.. Est-ce que nous n'avons pas cinq cents francs par jour?..

VIRGILE. C'est juste! il croyait nous embarrasser avec ses cinq cents francs... belle malice !..

OCTAVE. Comme je vais faire de l'embarras !..

j'ai de l'argent!.. Oh! je sens que je vais devenir mauvais!

VIRGILE. Et moi donc!.. je vais drôlement parler à mon porteur d'eau qui m'a refusé crédit pour une voie de sa marchandise... Fouchtra, va !..

<hr>

SCÈNE XVII.

LES MÊMES, CLARINETTE, *au milieu, Le fond de la scène se garnit de promeneurs.*

CLARINETTE, *comptant la monnaie.* Dix-sept sous... il n'y a pas gras, aujourd'hui...

Air de complainte.

Bath! dix-sept sous comptant,
J'ai plus que le Juif-Errant !

OCTAVE. Clarinette! ma petite Clarinette !.. Est-ce que tu tiens beaucoup à chanter dans les rues?

CLARINETTE. Énormément... peu...

OCTAVE. Je suis riche, Clarinette !.. viens avec nous... nous avons cinq cents francs à manger par jour !

CLARINETTE. Cinq cents franc !.. c'est très-bon à croquer !..

VIRGILE. Je vais louer une calèche pour retourner à Paris... (*Il fait signe au garçon qui s'approche.*)

OCTAVE. Une calèche pour trois... fi donc !.. c'est trop petites gens... chacun sa calèche... il faut trois calèches...

VIRGILE. Garçon! servez-nous trois calèches.

CLARINETTE. Allons-nous rire, tout seuls, chacun dans notre équipage !..

Hé! hop! hé! hop! j' pinc'rai d' la guitare,
Hé hop! hé hop! ça f'ra fuir les chevaux.

(*Ils dansent et vont se cogner dans Mardochée qui entre.*)

<hr>

SCÈNE XVIII.

LES MÊMES, MARDOCHÉE. *Mardochée en costume de l'homme orchestre. Il porte une grosse caisse, une flûte de Pan, un triangle, des cymbales, et sa tête est surmontée d'un chapeau chinois.*

TOUS. Qu'est-ce que c'est que celui-là?

MARDOCHÉE, *à Clarinette.* Eh quoi! vous ne reconnaissez pas votre Mardochée?

CLARINETTE. Comment, c'est vous, gros imbécile... Pourquoi cet accoutrement!

MARDOCHÉE. Je vous avais promis de spreuves de mon amour, à vous qui ne vouliez épouser qu'un homme de votre profession... Eh bien, j'ai dépensé les soixante-dix-sept francs zéro deux centimes de ma légitime, pour acheter ce bataclan d'occase.

(*Chantant en s'accompagnant comiquement.*)

C'est l'amour... (*ter.*)

CLARINETTE. Vous arrivez trop tard, mon cher... je me retire de la chanson et de la roulade... La musique ne rapporte pas assez... je me fais rentière... si vous venez jouer sous mes fenêtres, je vous jetterai souvent un sou...

MARDOCHÉE. Ah! c'est trop fort !.. le vent du désespoir parcourt mes tuyaux... je vas me suicider en avalant mes cymbales...

OCTAVE. Ah! bah! Clarinette, emmenons-le,

nous prendrons une quatrième calèche pour lui.

VIRGILE. Il ira devant, et il nous jouera de l'orgue. (*Le garçon sort de nouveau, sur un signe de Virgile.*)

CLARINETTE. Je ne sais si je dois... Le simple fils d'un adjoint d'Étain, si!..

MARDOCHÉE, *il s'accompagne.*

Air : *Pitié, Madame.*

Pitié, Rinette !
Pitié pour moi.
Emmène-moi vite,
J' s'rai sage en route,
O Clarinette !
N' sois pas terrible,
Vois, l'amour m' fait
Improviser des vers...

CLARINETTE. Allons ! venez !

Chez les montagnards écossais...

MARDOCHÉE, *au comble du bonheur.* Ah ! je m'en mouche de joie ! (*Chantant.*)

Merci, Rinette !

TOUS, *l'arrêtant.* Assez ! assez !

SCÈNE XIX.

LES MÊMES, LA BRISE, ALCIDA, CANOTIERS, GRISETTES.

ALCIDA, *en entrant.* Tiens ! Octave et le vieux qui sont passés au grade de chanteurs ambulants !..

LA BRISE. Jeune moutard, veux-tu bien revenir avec nous tout de suite...

OCTAVE. Allons donc ! à bas l'étude de maître Crochu !.. (*Agitant son billet de banque.*) J'ai de l'argent !..

LE GARÇON, *accourant.* Voici les quatre calèches demandées !

OCTAVE. Chacun sa calèche !.. à l'hôtel !

CLARINETTE. Musique en tête !.. Baoum ! (*Mardochée donne l'accord.*)

Air du *Plaisir.* (Bazile.)

OCTAVE.

Vive la richesse !
J'en fus trop privé ;
C'est à la tristesse
Autant d'enlevé !

CLARINETTE.

Plus de mine ingrate,
Allons, ris, mon bon,
Dût s'enfler ta rate
Comme un gros ballon !
Gare ! que je passe !

OCTAVE.

Obé ! les farceurs !
A nous l'air, l'espace !
A nous les honneurs !
A nous les douceurs !
Dzig, boum, dzig, boum !
Vive le plaisir !
Sachons le saisir !
Dzig, boum ! dzig, boum !
Vive le plaisir !

REPRISE EN CHŒUR.

(*La foule s'écarte pour laisser passer Clarinette pinçant de la guitare, Mardochée frottant ses cymbales, Octave battant de la grosse caisse et Virgile dansant en agitant son chapeau.*)

FIN DU PREMIER ACTE.

ACTE DEUXIÈME.

Un salon chez Octave ; porte au fond, portes latérales, cheminée à gauche avec garniture splendide, petite table à gauche, grand guéridon, au fond à droite, sonnette, tout ce qu'il faut pour écrire.

SCÈNE PREMIÈRE.

VIRGILE, *seul.* Mettrai-je mon habit vert ? mettrai-je mon habit marron... si je mets mon habit vert, ça m'empêchera de mettre mon habit marron que j'aime beaucoup... oui, mais mon habit vert est plus neuf que mon habit marron... et... Dieu ! quelle terrible chose que l'embarras des richesses, quelle tuile nous est tombée sur la tête !.. cinq cents francs à manger par jour, eh bien ! avec cette somme, nous sommes très-gênés... pour la dépenser. Depuis trois mois, ce sont des tourments, des angoisses, afin d'avaler tout jusqu'au dernier sou... car M. Boisjoli m'a défendu de faire des économies... une fois, il m'a pincé, au moment où j'allais mettre trois cents francs à la caisse d'épargne... j'ai cru qu'il allait me battre. Qu'est-ce que ça peut lui faire que je dépense cinq cents francs ou que je n'en consomme que deux cent cinquante... oui, mais c'est égal, ça fatigue bien l'imagination... et l'estomac d'être obligé de se livrer sans cesse à toutes sortes de plaisirs... on a raison de dire que les riches sont bien malheureux... je suis drôlement à plaindre, mettons encore ces quarante francs dans ma petite cachette. (*Il va à la cheminée et prend une boîte de laque.*) Il serait vraiment trop désagréable après avoir remué tant de monarques, d'aller mourir à l'hôpital... je veux garder de quoi aller aux Petits-Ménages. Ouvrons ma cachette. Ciel ! Boisjoli ! (*Il repose sa boîte derrière lui.*)

SCÈNE II.

VIRGILE, BOISJOLI.

BOISJOLI. Bonjour, monsieur Virgile... vous ne m'attendiez pas.

VIRGILE. En effet j'avoue que...

BOISJOLI. Je viens vous apporter de l'argent.

VIRGILE. Oui, comme d'habitude, une semaine d'avance.

BOISJOLI. Trois mille cinq cents francs, les voilà... votre reçu, Monsieur.

VIRGILE, *à part.* Il n'a rien vu... (*Haut.*) Je vais chercher du papier.

BOISJOLI. A quoi bon, vous savez bien que je le fais toujours d'avance, vous n'avez qu'à le signer...

VIRGILE. Oui, pour trois mille cinq cents francs que je reçois, je signe un reçu du double.

BOISJOLI. N'est-ce pas vous qui dès le premier jour l'avez voulu ainsi ?

VIRGILE, *écrivant.* C'est vrai, à cheval donné, il ne faut pas regarder à la bride... C'est drôle tout de même quel motif vous pousse donc à nous donner tant d'argent?

BOISJOLI. N'ai-je pas promis au cousin Taboureau d'avoir soin de vous... n'ai-je pas promis à l'oncle d'Octave de soigner son neveu...

VIRGILE. Permettez... il y a soigner et soigner.

BOISJOLI. Je suis excentrique, moi... ça m'amuse de vous voir manger mon argent, si ça vous déplaît, allez-vous-en... j'en trouverai d'autres.

VIRGILE. Ne vous fâchez pas mon cher monsieur, voici votre reçu...

BOISJOLI. Très-bien, savez-vous combien vous avez dépensé depuis notre rencontre à Joinville-le-Pont.

VIRGILE. Dame! il y a quatre-vingt-dix jours à raison de cinq cents francs par jour... cela fait quarante-cinq mille francs, mais je vous ai fait quatre-vingt-dix mille francs de reçus....

BOISJOLI. Vous comptez à ravir... Et comment vit-on ici?..

VIRGILE. Ça boulotte, on jette l'argent par les fenêtres! ça tourne à l'avalanche.

BOISJOLI. Allons tant mieux, vous êtes content de cet hôtel.

VIRGILE. Très-content....

BOISJOLI. Tout ici me paraît fort convenable! (*Désignant la boîte de laque placée sur la cheminée.*) Tiens! je ne connaissais pas cette boîte de laque.

VIRGILE. Oh! ça, ce n'est rien! c'est une boîte à gants, qu'Octave s'est achetée... c'est bien simple... allez...

BOISJOLI. Voyons donc un peu les gants d'Octave...

VIRGILE. Je n'ai pas la clé... (*Il met la boîte sous son bras et s'apprête à sortir.*)

BOISJOLI, *s'emparant de la boîte.* Inutile, elle est ouverte.....

VIRGILE, *à part.* Je suis pris...

BOISJOLI, *la visitant.* De l'argent... trente... quarante... cinquante louis, je ne m'étais pas trompé dans mes calculs, M. Virgile ne dépensait pas tout l'argent que je lui confiais.

VIRGILE, *embarrassé.* Moi, mon cher monsieur, mais, c'était pour acheter des faux cols à Octave.

BOISJOLI. Quels cols... on peut acheter avec cette somme... (*Il met l'argent dans sa poche.*)

VIRGILE, *à part.* Il me filoute mon argent à présent...

BOISJOLI, *sévèrement.* Monsieur Virgile, exécutez fidèlement votre promesse de dépenser comme j'exécute la mienne de donner, ou sinon, je cesse tout rapport, je vous réduis à la paille ..

VIRGILE. Ah! si vous saviez comme on a du mal à dépenser cinq cents francs par jour...

BOISJOLI. Ah! bath! vous reste-t-il d'autre argent? soyez sincère, ou sinon.

VIRGILE. Oh! je n'ai plus rien... je vous le promets. (*Il sort son mouchoir et se mouche.*)

BOISJOLI, *remarquant un nœud fait à l'un des coins du mouchoir.* Qu'est-ce que cela?

VIRGILE, *balbutiant.* C'est pour se rappeler... vous savez... (*Boisjoli tape ce nœud qui rend un son métallique.*) Et puis comme j'ai perdu ma bourse... ça m'en sert.

BOISJOLI. Fort bien. (*Il défait le nœud.*) Quatre louis, je m'en empare... confisqué.

VIRGILE. Ah! je suis dans la plus affreuse détresse.

BOISJOLI. Cela fait cinquante-quatre louis à ajouter à la dépense de ce jour... faites-m'en le reçu... c'est pour frais de réception, car ce soir, vous donnez une fête...

VIRGILE, *tout en écrivant.* Quinze cent quatre-vingts francs à manger aujourd'hui?.. j'en mourrai, où diable irais-je chercher des convives?..

BOISJOLI. Arrangez-vous comme il vous plaira, surtout ne vous avisez pas de renouveler la scène du coffret... je serais forcé de vous rendre à votre charmant petit grenier de la Galiote.

VIRGILE. Ah! Monsieur, ne disons pas de mal de mon grenier.

Air de l'Anonyme.

Dans mon grenier, j'étais roi, — sort contraire,
Ici, je suis un valet attristé.
Pourquoi faut-il que la laide misère
Marche toujours avec la pauvreté?
Dans mon grenier, j'étais plein de courage,
Là, le chagrin était toujours proscrit...
Mais j'avais faim trop souvent, c'est dommage,
Tandis qu'ici je n'ai plus d'appétit.

BOISJOLI. Dites-moi, monsieur Virgile, êtes-vous content d'Octave?

VIRGILE. C'est-à-dire que j'en suis enchanté... ou plutôt non, je n'en suis pas enchanté...

BOISJOLI. Pourquoi donc?..

VIRGILE. Parce qu'Octave s'est mis trop vite à la hauteur de sa nouvelle position... parce que je redoute enfin qu'il ne devienne fier, orgueilleux, et pis encore, mauvais sujet.

BOISJOLI, *avec joie.* Il faut que jeunesse se passe... bravo...

VIRGILE. Oh! l'abominable chose que l'argent, quel dommage qu'on ne puisse pas s'en passer... l'argent m'a bien changé mon Octave, c'est chaque jour une fête nouvelle. Hier c'était un steple-chasse sur le turf... aujourd'hui, c'est une partie de chasse... Il est parti de bon matin... ça me fait même penser qu'il ne peut tarder à rentrer... (*Voix d'Octave au dehors.*) Justement, le voici, vous allez voir un échantillon du petit... je l'entends qui se chamaille avec notre domestique...

BOISJOLI. Diantre, il fait bien du tapage...

SCÈNE III.

LES MÊMES, OCTAVE, *en brillant costume de chasse, il prend le milieu.*

OCTAVE.

Air de Musard.

Ah! que la vie est belle,
Quand douce sentinelle,
La fortune, fidèle,
Veille sur mon destin!
Quand la bourse est garnie,
Tout est rose en la vie;
Le bonheur nous sourie,
Et nous tend ses deux mains
Sur le bord des chemins.
Non, je n'ai plus de maîtres,
Fier comme mes ancêtres,
Je veux, par les fenêtres,
Semer l'argent et l'or;
Mon trésor
Vit encor.

Puisqu'il faut mourir,
Usons du plaisir,
Semons! c'est mon désir,
Nos jours de souvenir.
C'est de la Providence,
Célébrer la puissance,
Que d'aimer l'existence.
Fêtons nos jeunes ans,
Le printemps
N'a qu'un temps.

OCTAVE. Tiens, c'est vous, mon cher Boisjoli, vous étiez là, Virgile...

VIRGILE. Que diable t'avait donc fait Baptiste?

OCTAVE. Je le chassais...

VIRGILE. Tant pis, Baptiste est un bon enfant...

OCTAVE. Cadet Roussel aussi est un bon enfant. Ce maroufle me remet une lettre. (*A Virgile.*) Ce sont les petites gens de mon ex-étude, vous savez... ils ont accepté mon invitation pour ce soir.

VIRGILE. Tiens, tu as pensé à notre fête?

OCTAVE. Ne faut-il pas que je songe à tout?...

VIRGILE. Jusqu'à présent je ne vois pas le crime de Baptiste.

OCTAVE. Le paltoquet m'offre cette lettre avec ses mains rouges et sales... Je lui dis que c'est un animal de ne pas me la présenter sur un plateau d'argent... Eh bien! il ose me répondre que je n'ai pas toujours fait ma tête comme ça... Le drôle, je me repens de ne l'avoir pas roué de coups.

VIRGILE, *à part.* Comme il se gâte, mon Octave, comme il se gâte...

BOISJOLI. J'aime à vous voir de nobles penchants, votre père ne se laissait pas marcher sur le pied.

OCTAVE. Mordieu! corbleu! palsambleu! qui donc oserait me manquer de respect... Ah çà, à propos, mon cher, quand donc me présenterez-vous à mon oncle?

BOISJOLI. Je crois que le moment approche.

OCTAVE. Allons, tant mieux, tant mieux, je serai content de m'installer dans les châteaux de ma noble famille... Elle veut que je m'amuse... Eh bien, je m'amuserai, je ne serai pas fâché de me plonger dans ses grands bras, une scène de reconnaissance... comme à l'Ambigu, avec des larmes et des embrassades... ça m'amusera...

VIRGILE, *à part.* O mon Dieu! quelles maximes, et l'on dira qu'il est mon élève...

OCTAVE. Virgile... La fête de ce soir sera-t-elle convenable?...

VIRGILE. Une fête de quinze cent quatre-vingts francs, je le crois fichtre bien...

OCTAVE. Je veux éblouir mes anciens collègues, car moi, j'ai été le collègue de messieurs La Brise, Dardarid, Battage... Ah! ah! ah! j'ai été le commensal de mesdemoiselles Alcida Roustoubique, Niniche, et autres grisettes, c'est à mourir de rire...

VIRGILE, *à part.* Me l'ont-ils gâté...

BOISJOLI, *à part.* C'est comme cela que je le voulais. (*Haut.*) Je regrette beaucoup d'être obligé de vous quitter, mais, vous le savez, il faut que j'arrive à la Bourse avant la fermeture...

ENSEMBLE.

Air de la *Gardeuse de dindons.*

Oui séparons-nous,
Mais à demain au rendez-vous.

Amusons-nous bien
Ce soir à dépenser mon bien.
BOISJOLI.
A la Bourse je pars,
Je crains la baisse et ses hasards.
OCTAVE.
La baisse, dites-vous?
(*Bas.*)
Je crois, entre nous,
Que son esprit est
A la baisse fait.

REPRISE

(*Boisjoli sort.*)

SCÈNE IV.

VIRGILE, OCTAVE.

OCTAVE. Maintenant, occupons-nous des préparatifs... du festin... voyons le programme des réjouissances; que comptez-vous employer pour le luminaire? (*Il prend une cigarette, Virgile lui allume une allumette.*)

VIRGILE. Quelque chose de grand, là, n'est-ce pas?...

OCTAVE. Oui, quelque chose de splendide...

VIRGILE. Splendide; il nous faudra au moins trois livres de bougie à trente sous, soit quatre francs cinquante...

OCTAVE, *passant à gauche.* Belle misère, je veux cinquante livres de bougies parfumées, des bougies partout... en haut, en bas, sur la table, sous la table... dans tous les coins enfin... je voudrais même qu'on trouvât le moyen de brûler la bougie par les deux bouts...

VIRGILE, *remarquant que sa cigarette s'est éteinte, lui apporte une nouvelle allumette.* C'est le massacre, c'est l'incendie, c'est l'anéantissement des bougies...

OCTAVE. Voyons la suite du programme...

VIRGILE. Dame! je voulais proposer dix bouteilles de bière à six sous, des échaudés, un demi-litre d'eau-de-vie, des cigares à deux sous.

OCTAVE, *se moquant.* Et du flan.

VIRGILE. Oui, du flan... mais faudra le détailler. (*Octave lui rit au nez, passe devant lui et va s'asseoir au fond.*) Je croyais ça convenable, mais tu as peut-être des objections à me faire...

OCTAVE. Et vous croyiez consommer quinze cent quatre-vingts francs en bière, en échaudés, en cigares à deux sous... et en flan.

VIRGILE. Non, j'économiserais un peu, je mettrais le reste de côté...

OCTAVE. Monsieur Virgile, soyons honnêtes : on nous donne de l'argent pour le faire rouler, il faut qu'il roule, mon vieux; vous remplacerez votre bière par du vin de Champagne, du vin de Chypre, du vin du Rhin... Je veux des punchs glacés, des sorbets, des pyramides de glaces et de gâteaux, un souper de chez Véry. Ah! ah! de la bière et des échaudés, mon pauvre Virgile, j'aurai bien de la peine à faire quelque chose de vous...

VIRGILE. Ne dirait-on pas que c'est lui qui est chargé de mon éducation.

OCTAVE, *fumant toujours.* Je veux rire aujourd'hui, je veux m'amuser, je veux m'étourdir, je m'ennuie, j'ai du chagrin.

VIRGILE. Tu as du chagrin?

OCTAVE. Oui, voilà trois jours que je conduis inutilement mon cheval du côté de Saint-Maur, je ne rencontre plus celle que je me plaisais à y voir...

VIRGILE. Oui, mademoiselle Valentine...

OCTAVE. L'autre semaine, j'avais déjà remarqué des préparatifs de voyage... Elle est partie, sans doute, ne plus la revoir, oh! cela n'est pas possible, je la suivrai partout... (*Il jette sa cigarette et passe à la gauche.*)

VIRGILE. Allons, bon, il ne manquerait plus, pour me donner un peu de tintouin, que tu tombasses amoureux!

OCTAVE. Amoureux... Il y a longtemps que c'est fait...

VIRGILE. Mais, infortuné!... où veux-tu que ça te mène?

OCTAVE. Est-ce que je le sais?... Chère Valentine, j'avais pris l'habitude de passer chaque jour au pied de la terrasse où elle lisait... Pauvre enfant... Elle était seule, toujours seule. Souvent j'avais surpris des larmes dans ses yeux, son regard semblait me dire : merci, merci, vous n'abandonnez pas la pauvre solitaire, oh! comme je revenais joyeux après cette muette entrevue; la route était plus belle, les oiseaux plus joyeux, les arbres me saluaient en passant, et le vent me répétait ce nom que semblait chanter toute la nature : Valentine! Valentine! (*Il va s'asseoir près de la petite table à gauche.*)

VIRGILE. Le voilà amoureux et comme les amoureux perdent le sentiment de boire et de manger, il va me jeter dans des transes affreuses pour dépenser notre argent... Quel pétrin... Ah! j'entends Clarinette... Je vais la consulter... Elle a toujours des idées, cette petite...

SCÈNE V.

LES MÊMES, CLARINETTE, *en toilette ridiculement excentrique, puis* MARDOCHÉE.

CLARINETTE. Bonjour, ça va bien, quant à moi, ne m'en parlez pas... J'ai un mal affreux... ma modiste, ma fleuriste, ma lingiste, ma corsetière, ma cordonnière, ma gantière, ma bonnetière et ma jarretière qu'il me faut visiter tous les après-midi, ça n'en finit pas, ça m'amuse et ça m'embête à la fois. Ah çà, où est donc Mardochée?... Mardochée, ici...

MARDOCHÉE, *chargé de paquets et de cartons.* Voilà, voilà, c'est gênant en diable tout ça...

VIRGILE. En voilà des emplettes! ça saigne le cœur de voir gâcher tant d'argent...

CLARINETTE, *chantonnant.*

Air du *Vin à six sous.*

L'argent est rond, c'est pour rouler,
V'là comm' je l' fais dégringoler,
Scélérat d'argent, veux-tu bien rouler,
Chères pièces d' cent sous faut dégringoler
Petites pièces de dix francs, vite il faut rouler,
Gros billets de mille, faut dégringoler...

Est-ce que t'aurais avalé ta langue, mon cher Octave?... Tu as l'air mélancolique comme un clair de lune, clerc d'huissier, bon... clair de lune, non... Ris donc, ma biche...

OCTAVE. Tu as raison, Clarinette, chassons les soucis (1).

CLARINETTE. Les soucis, je les mets là, moi, sous mes bottes, comment trouves-tu ce boa, c'est

1 Octave, Clarinette, Mardochée, Virgile.

chaud dans l'été, mais c'est très-bien porté... Mardochée, ici... J'enfonce les dames comme il faut... Elles n'ont qu'un chapeau quand elles sortent. Grâce à Mardochée qui me suit en portant mes cartons, je ne sors jamais sans en avoir un trio...

Air des *Cancans.*

Trois chapeaux
Ça donne un air comme il faut...

OCTAVE. Tu chantes toujours, toi...

CLARINETTE. J'ai chanté en venant au monde, et je mourrai en fredonnant un gai refrain, ma mère devait s'appeler madame Lariradondaine et mon père, M. Flon-Flon.

Flon, flon, flon.
Et Lariradondaine,
Gais, gais, gais,
Se sont mariés.

(*A elle-même.*) Ils doivent s'être mariés...

MARDOCHÉE. Vous ne me faites pas de compliments sur ma toilette?... Je suis beau!

VIRGILE. Ça vous change bien...

MARDOCHÉE. Pas encore assez, puisque mon père d'Étain qui prétend que je n'ai pas assez de plomb dans la tête... Eh bien, il m'a reconnu sur le macadam!...

VIRGILE. Et il est tombé dans vos bras...

MARDOCHÉE. Non... Il est tombé sur mon dos, j'ai à me plaindre de sa canne...

CLARINETTE. En voilà assez... Combien avons-nous à fricoter pour la fête?... (*Mardochée va poser les cartons au fond, à gauche.*)

VIRGILE. Tout ça. (*Il montre l'or et les billets de banque.*)

CLARINETTE. Quinze cent quatre-vingts francs! c'est mesquin... Mais avec de l'économie, nous en viendrons à bout.

OCTAVE. Fais bien les choses, nous avons encore en réserve l'argent de la semaine, trois mille cinq cents francs. Au fait partageons-les. Je ne garde que deux mille francs, à toi le reste...

CLARINETTE. Je prends notre valet Baptiste, et je cours chez Torticolis.

MARDOCHÉE. C'est Tortoni qu'il faut dire...

CLARINETTE. Torticolis ou Tortoni c'est la même chose...

OCTAVE. Ne compte pas sur Baptiste, je l'ai chassé...

CLARINETTE. Bien... Fais toujours le menu, (*Octave et Virgile remontent à la table du fond, à droite.*) Alors, Mardochée, ici... Je vous invite à honorer cette ripaille de votre présence.

MARDOCHÉE. O Clarinette, que vous êtes bonne!

CLARINETTE. Du tout, c'est vous qui le serez, bonne...

MARDOCHÉE. Bonne?... Je ne comprends pas...

CLARINETTE. Jeune innocent... à défaut de Baptiste, un grooooom nous est nécesaire, c'est vous que je charge de ce soin...

MARDOCHÉE. Moi, le fils d'un adjoint, permettez-moi de me draper dans ma dignité...

CLARINETTE. Très-bien, on en prendra un autre, je vous aurais donné dix francs (*Mouvement de Mardochée.*) et deux baisers.

MARDOCHÉE, *joyeux.* Deux baisers, à ce prix-là je me ferais nègre, quand faudra-t-il passer à la caisse, je demande mon argent d'avance...

CLARINETTE. Je n'ai pas de monnaie sur moi...

demain, on verra... (*A part.*) sur l'air du tra là là
là... (*Haut.*) Votre bras, Mardochée...

MARDOCHÉE. Vous ne méprisez pas votre groom...

CLARINETTE. Je ne suis pas *aristote*, moi... venez...

MARDOCHÉE. Oui, petite maîtresse à moi, moi
obéir, moi servir vous.

> Petit noir est un frère,
> Qui saura filer doux ;
> Il n'est rien sur la terre,
> D'aussi joli que vous.

CLARINETTE. Allons-y gaiement, Mardochée.

Air de la Corde sensible *(Moulaubry).*

> Viv' la joie et la rigolade,
> Rions, chantons, c'est le bonheur !
> Chantonner, voilà ma toquade ,
> Le plaisir rend le mond' meilleur.
>
> MARDOCHÉE.
> J' n'ai pas l' temps d'avoir l'âme méchante !
> CLARINETTE.
> J'ajuste à chaqu' mot un refrain...
> Tin ! tin ! tin ! tin !
> MARDOCHÉE.
> Chantons bien fort !
> CLARINETTE.
> Celui qui chante
> N'a pas l' temps d' fair' du mal à son prochain.
>
> REPRISE DE L'ENSEMBLE.
> Viv' la joie et la rigolade, etc.

(*Ils sortent en dansant.*)

SCÈNE VI.

OCTAVE, *puis* BAPTISTE.

OCTAVE. Ces pauvres amis, quelle peine ils se
donnent pour dépenser notre revenu, peut-être
avions-nous moins de soucis dans notre mansarde ; mais, on a beau dire, c'est une belle chose
que la fortune...

BAPTISTE, *entrant.* C'est moi, Monsieur...

OCTAVE. Il me semblait que je vous avais chassé,
Baptiste, pourquoi vous représentez-vous devant
moi?..

BAPTISTE. Dame! parce que le maître d'hôtel n'est
pas si exigeant que vous.

OCTAVE. Que voulez-vous?

BAPTISTE. C'est qu'on m'a chargé d'une com-
mission, et je ne peux pas la faire sans plateau
d'argent. (*Goguenardant.*) Où y a-t-il donc un
plateau d'argent?..

OCTAVE. Quelqu'un me demande?..

BAPTISTE. Oui, Monsieur, une dame qui m'a remis une carte, elle vient, dit-elle, pour une œuvre
de bienfaisance, elle a une domestique et une petite bourse de quêteuse à la main...

OCTAVE. Voyons cette carte?.. (*Il la lui arrache.*) Animal... (*Il lit.*) Valentine de Marsan...
Valentine chez moi... oh! c'est impossible... faites
entrer... (*Baptiste fait un geste, Valentine paraît
suivie d'un valet en livrée.*)

SCÈNE VII.

LES MÊMES, VALENTINE.

OCTAVE. Valentine, oh! c'est bien elle...

VALENTINE. Monsieur ! (*Elle le reconnaît.*) Ah!

OCTAVE. Mademoiselle... laissez-nous, Baptiste...

BAPTISTE. On s'en va, Monsieur... (*A part, en
fermant la porte.*) Quel petit polisson ça fait que
mon roquet de maître! (*Il disparaît.*)

VALENTINE. Ma présence vous semble extraor-
dinaire, Monsieur... le hasard seul m'a amené
dans cette maison ; cette bourse vous indique
le motif de ma visite ; vous ne refuserez pas
votre offrande, à mes protégés, ce sont deux
pauvres petits enfants trouvés.

OCTAVE. Deux enfants trouvés... quel souvenir...

VALENTINE. Oui, Monsieur... la charité publique
les prend sous sa protection... puis-je inscrire
votre nom sur ma liste.

OCTAVE. Oh! certainement, Mademoiselle... tout
ce que j'ai sur moi est pour eux... Voici deux
mille francs, prenez, je les donne avec joie.

VALENTINE. Deux mille francs.

OCTAVE. Ne serait-ce pas assez ?..

VALENTINE. Vous êtes donc bien riche, Monsieur ?..

OCTAVE. Je le suis devenu depuis le jour où j'ai
eu le bonheur de vous rencontrer...

VALENTINE, *souriant.* Aux régates de Joinville-
le-Pont.

OCTAVE. C'est à présent que je sens mieux que
jamais le bonheur de la fortune...

Air : A soixante ans.

> Oui je cherchais, vainement dans ma tête,
> Tous les moyens de manger mon argent,
> Et j'oubliais qu'avec lui l'on achète,
> Un peu de pain pour nourrir l'indigent,
> C'est désormais le pain de l'indigent.
> J'étais à bout de moyens, de ressource ,
> J'allais partout cherchant, interrogeant,
> Semant mon or, le jetant, le gâchant,
> Mais, grâce à vous, je puis vider ma bourse
> Et dépenser noblement mon argent.
> J'emploierai mieux désormais mon argent!

VALENTINE. Que de remerciments, Monsieur !
faire ainsi le bien est d'un grand cœur... je suis
heureuse de vous voir dans cette position pros-
père... cette fortune provient d'un héritage sans
doute?..

OCTAVE. Non, Mademoiselle, elle ne vient pas
d'un héritage...

VALENTINE. Je devine, une spéculation ?..

OCTAVE. Non, plus... une aventure bizarre m'a
fait riche, un monsieur que je n'avais jamais vu,
s'est subitement intéressé à mon sort, et à celui de
mon vieil ami Virgile.

VALENTINE. Mais, ce monsieur avait un motif,
il acquittait peut-être une dette...

OCTAVE. Du tout, je vous le répète, nous ne
l'avions jamais vu, mais il prétend connaître ma
famille... cela vous semble étrange...

VALENTINE. En effet, et depuis trois mois, vous
n'avez jamais cherché à savoir?..

OCTAVE. A quoi bon, il nous a donné cinq cents
francs par jour, et nous dépensons radicalement
cinq cents francs par jour.

VALENTINE. Je suis, peut-être, bien indiscrète ;
mais, ne craignez-vous pas que cet intérêt subit
ne cache un piège?.. A Paris, il est bon de connaître les gens, déliez-vous, Monsieur... (*Fausse
sortie.*) Ah! j'oubliais, votre nom?.. que je le mette
sur ma liste...

OCTAVE. Octave, Mademoiselle...

VALENTINE, *l'écrivant*. M. Octave, et le nom de votre père...

OCTAVE. Je n'ai pas de père, Mademoiselle, vous comprenez maintenant pourquoi je puis bien donner cet argent aux enfants trouvés... c'est une dette que j'acquitte, moi aussi, je suis un enfant trouvé.

VALENTINE. Oh! pardon, Monsieur, d'avoir en insistant réveillé ce douloureux souvenir...

ENSEMBLE.

Air de La patrie des hirondelles.

Au revoir, je vous quitte,
J'accomplis un devoir.
Aux pauvres, je vais vite
Porter un peu d'espoir.

OCTAVE.

Il faut qu'elle me quitte
Pour remplir son devoir,
Aux pauvres, allez vite
Porter un peu d'espoir.
Votre pensée, ô bonne demoiselle,
Est dans mon ciel le rayon le plus doux;
Et ma pensée, à moi, sera fidèle,
De loin, de près, mon cœur est avec vous.

REPRISE.

(Valentine salue et sort.)

SCÈNE VIII.

OCTAVE, *seul.* Oh! je sens mon cœur soulagé!.. je viens de faire un peu de bien, oui, c'est là le meilleur placement de notre argent... désormais, dans toutes mes joies dans tous mes plaisirs, je commencerai par faire la part du pauvre... Pourquoi n'y ai-je point songé plus tôt... c'était si naturel. C'est la faute de Virgile... lui qui me parle sans cesse de son expérience... il paraît qu'elle lui laisse faire de belles sottises... défiez-vous, m'a-t-elle dit... pourquoi Boisjoli ne m'a-t-il pas fait connaître ce parent généreux? Valentine a raison... je ne dois plus accepter d'argent sans en connaître la source... je vais écrire ma résolution à Boisjoli... *(Il écrit à la petite table de gauche.)*

SCÈNE IX.

OCTAVE, VIRGILE.

VIRGILE, *entrant*. Toutes mes courses sont terminées; j'ai acheté de la bougie superbe... tiens, tu n'as pas encore quitté ton costume de chasse.

OCTAVE. Oh! j'ai le temps, je viens de recevoir la visite d'une demoiselle...

VIRGILE. Ah! bath!..

OCTAVE. Jolie et bonne... vous ne devinez pas..

VIRGILE. Une demoiselle, serait-ce notre blanchisseuse?.. on ne lui doit rien...

OCTAVE. Eh! non, c'est mademoiselle Valentine...

VIRGILE. Mademoiselle Valentine... et elle est venue te faire une déclaration d'amour...

OCTAVE, *se levant*. Ah! Virgile... respectez mademoiselle Valentine de Marsan.

VIRGILE. Ah! elle se nomme de Marsan... beau nom...

OCTAVE. Elle venait quêter pour les pauvres, je lui ai donné deux mille francs...

VIRGILE. Deux mille francs...

OCTAVE. Et nous n'avions pas eu cette idée, Virgile, nous qui venions d'être malheureux... oui, nous qui avions souffert du froid et de la faim, nous ne pensions pas aux pauvres...

VIRGILE. Eh bien, si, j'y pensais quelquefois; je leur donnais deux sous; tiens, je suis content de te voir bon cœur, mon Octave, on ne t'a pas tant gâté que je le croyais... cette aumône nous portera bonheur... et dire que je n'y avais pas songé...

OCTAVE. Il y a bien des choses auxquelles vous ne pensez pas assez, Virgile...

VIRGILE. Oh! mon Dieu! comme tu me dis ça...

OCTAVE. Monsieur Virgile, voilà trois mois qu'un inconnu qui nous a ramassés dans une guinguette de la banlieue nous a donné de quoi satisfaire tous nos caprices, toutes nos fantaisies... Il a un but caché qui ne saurait être honorable puisqu'il ne l'avoue pas.

VIRGILE. Mais il connaissait le cousin Taboureau, mais il connaît ta famille.

OCTAVE. Ma famille?.. Il devient muet dès que je lui demande les détails. Monsieur Virgile, vous m'avez compromis... monsieur Virgile, vous me compromettez encore.

VIRGILE. Ça te compromet de manger son argent? Moi, je le dévore sans le moindre remords. Je cherche mes remords partout... Où sont donc mes remords?..

OCTAVE. Je viens d'écrire à M. Boisjoli: je lui déclare que si, aujourd'hui même, il ne me fait pas connaître mon oncle, demain j'aurai quitté cet hôtel.

VIRGILE. Et il dit que c'est moi qui le compromets... Réfléchis donc, malheureux, que je n'ai plus d'économies... songe à la misère!

OCTAVE. La misère!..

Air: Patrie, honneur.

Quand il s'agit de devoir et d'honneur,
Ne venez pas me parler de misère.
Lorsque la voix de l'honneur vibre au cœur,
Vous le savez, l'intérêt doit se taire,
Et cette voix me redit ces mots-là;
Fais ce que dois, advienne que pourra.
Non! non! jamais mon cœur n'hésitera,
Fais ton devoir, advienne que pourra.

(Il sonne.)

BAPTISTE, *paraissant*. Monsieur a sonné?

OCTAVE. Faites remettre cette lettre à M. Boisjoli, je rentre dans ma chambre.

BAPTISTE. Alors, je vais dire à ces messieurs et à ces dames qui viennent d'arriver dans l'antichambre que Monsieur ne peut pas les recevoir.....

VIRGILE. Ce sont tes anciens compagnons que tu as invités, Octave, tu ne peux faire cela.

OCTAVE. Eh bien! soit... au diable la tristesse! si c'est aujourd'hui mon dernier jour de fortune, je veux qu'il finisse gaiement.

VIRGILE. A la bonne heure, faites entrer, Baptiste!

SCÈNE X.

LES MÊMES, LA BRISE, ALCIDA, NINICHE, BATTAGE, LES CANOTIERS ET LES GRISETTES *du premier acte, en toilette de ville.*

CHŒUR.

Air de la *Norma*.

Fêtons notre Mécène
Son logement est un vrai paradis,
Oui, les canotiers de la Seine
Sont ses meilleurs et ses plus chauds amis.

OCTAVE.

Si c'est vraiment un paradis aimable,
Raison de plus qu'ou y fasse le diable.

REPRISE.

OCTAVE. Mes amis, vous êtes ici comme chez vous.

ALCIDA. Nous y sommes mieux que chez nous.

LA BRISE. Octave, avant le quadrille des bouteilles et la polka des bouchons, permets-moi de te dire, au nom de toute la compagnie, que tu fais bien les choses...

ALCIDA. Est-ce vrai ce que l'on racontait de vous l'autre jour au bal d'Asnières?

OCTAVE. Que disait-on ?

LA BRISE. Les uns prétendaient que tu avais gagné le gros lot du Lingot d'or.

ALCIDA. Les autres prétendaient que c'était une baronne polonaise qui vous avait enlevé.

NINICHE. En a-t-on fait des cancans !

ALCIDA. En a-t-on dit des bêtises !

BATTAGE. Bref, où as-tu pêché cet argent ? en eau trouble ?

OCTAVE. Mes amis, c'est... c'est...

VIRGILE. C'est un héritage, voilà tout ; voulez-vous vous rafraîchir ? des marins, ça doit toujours avoir soif, mille sabords !

TOUS. Oui ! oui !

OCTAVE, *à part*. Quelle humiliation ! ne pouvoir avouer... oh ! je veux m'étourdir, je veux oublier...

SCÈNE XI.

LES MÊMES, CLARINETTE.

BAPTISTE, *annonçant*. Mademoiselle Clarinette !

CLARINETTE, *saluant*. Messieurs, Mesdames.

LA BRISE. Tiens, c'est la petite chanteuse des régates.

CLARINETTE. Pour vous servir, si j'en étais capable. (*Bas, à Octave.*) Hein, quel chic ! (*Haut.*) Honorable assistance, j'ai ordonné que l'on *servasse* le service, on va souper en masse. Obé ! que le Balthazar paraisse !

TOUS. Qu'il paraisse !

MARDOCHÉE, *portant des plateaux garnis de verres et des paniers pleins de bouteilles*. Si papa me voyait comme ça. (*Il aide Baptiste à avancer une table.*)

BAPTISTE. Dites donc, vous, là-bas, faites donc attention, vous penchez trop à droite...

MARDOCHÉE, *humilié*. Ce domestique qui me traite d'égal à égal...

OCTAVE. Allons, à table, Messieurs...

VIRGILE. Hommage au sexe... belle dame.

ALCIDA. Certainement, marquis.

CHŒUR.

Air des *Barricades de 1848*.

Buvons, malheur à qui s'ennuie !
Rire et boire, c'est la santé.
Il faut arroser notre vie,
Afin d'y faire éclore la gaîté.
(*On se met à table* (1).)

(1) Clarinette, Virgile, des grisettes, Niniche, Battage, La Brise, Alcida, Octave. Au fond les deux do-

MARDOCHÉE. Oh ! j'ai une soif !.. (*Il va pour s'asseoir.*)

CLARINETTE. Mardochée restez debout.... c'est vous qui me servirez.

MARDOCHÉE, *prenant une bouteille et une serviette des mains de Baptiste*. Oh ! oui.... comme elle m'a regardé... je la touche....

BAPTISTE. Tiens, puisque que cet imbécile fait le service pour moi je vais boire pour lui.

LA BRISE. Rubis sur l'ongle, Messieurs et Mesdames, à la santé et à la prospérité d'Octave...

TOUS. A Octave... (*On boit.*)

BAPTISTE. Où est donc fourré le domestique ? ici, faquin.

MARDOCHÉE, *lui versant à boire*. En voilà un esclave qui boit... tandis que moi...

CLARINETTE, *langoureusement en tendant son verre*. Tu m'aimes, toi...

MARDOCHÉE. Elle m'a tutoyé, oh ! je suis fier d'être laquais, qui veut du champagne ?

NINICHE. A moi ce vin du Rhin !

BATTAGE. Qui veut du bordeaux ?

ALCIDA. A moi du vin de Constance !

LA BRISE, *lui en versant*. Ça te changera.

OCTAVE. A moi de tous ces vins ! (*Il présente deux verres qu'on lui remplit et qu'il boit coup sur coup.*)

QUELQUES GRISETTES. Moi... moi...

OCTAVE. Mais, vous ne buvez pas, mes amis...

VIRGILE. Dis donc, Octave, tu me fais l'effet de boire beaucoup trop, toi...

OCTAVE. C'est pour pousser à la consommation, j'entrevois l'oubli au fond de mon verre... je me sens déjà tout guilleret...

CLARINETTE. Tu vas te pocharder trop vite, petit... attends donc les autres. (*Baptiste et l'un des domestiques se mettent à boire tranquillement dans un coin ; quand leurs bouteilles sont vides, ils s'en font servir d'autres par Mardochée.*)

OCTAVE, *s'animant*. Ah ! bath ! allons, Clarinette, une chanson...

TOUS. Ça va...

CLARINETTE. Faites chorus...

Air : *A quatre pour un sou les anglais*.

Pour bien s'amuser, vivent les canotiers,
A la bonne heure, v'là des bons drilles,
Faut les voir nocer ces rudes équipiers
Ayant près d'eux filles gentilles !
C' sont des bons zigs, des gens pleins d' mœurs.
Ça mang' comm' dix, ça boit comm' des sonneurs !
Faut les voir nettoyer un r'pas.
D'vant cent bouteill's y ne r'culent pas.
(*Tous changeant d'air*.)
Lariffa fla fla... (*ter*.)

SCÈNE XII.

LES MÊMES, BOISJOLI.

BOISJOLI, *entrant par le fond*. J'arrive à propos. (*Il va s'accouder sur la cheminée, Baptiste lui offre un verre de champagne qu'il refuse.*)

OCTAVE.

Air connu.

Vive le vin de Ramponneau !
Qu'il nous en pleuve

mestiques, groupes de canotiers et de grisettes en amphithéâtre.

Un fleuve!
Et que le jus de son tonneau
Sois préservé de ce fléau :
L'eau
Plein de ce vin,
Tout divin,
Qui jamais ne fut vain,
Plus d'un joyeux trouvère
Barde enchanté
A chanté
L'amour, la liberté,
Eclos au fond d'un verre.

REPRISE, ENSEMBLE.
Vive le vin de Ramponneau, etc.
(On boit.)

VIRGILE.
Air connu.
Messieurs, vous voulez donc
Me faire de la peine ?
Messieurs, vous voulez donc
Fair' fermer ma maison ?

ALCIDA.
Autre air connu.
Allons, la mèr' Pochard il n'est pas tard
Il n'est encor qu'onze heures un quart.
(*Tous les convives répètent puis ils changent d'air.*)
Encore un p'tit broc d'vin
Pour nous remettre (*bis.*)
Encore un p'tit broc d'vin
Pour nous remettre tous en train.

VIRGILE.
Ceux qui voudront s'en aller resteront,
Ceux qui voudront rester s'en iront.

REPRISE ENSEMBLE.
Encore un p'tit broc de vin, etc.

BATTAGE.
Autre air connu.
Aussitôt que la lumière
Vient éclairer mon caveau...

OCTAVE. Veux-tu bien te taire, avec ton vilain caveau... (*Il chante les premiers vers tout seul, puis en chœur.*)

CHŒUR.
Air connu.
Vive le vin! vive ce jus divin!
Je veux jusqu'à la fin
Qu'il égaie ma vie,
Petit ou grand,
Un homme est toujours franc,
Loyal et bon vivant,
S'il boit sec et souvent!

(*Pendant ce chœur on se lève, les verres se choquent, les bouteilles se vident, on crie, on se bouscule; tout le monde est plus ou moins gris.*)

BOISJOLI, *à part.* Octave est parfaitement lancé, quelle bonne idée j'ai eue d'amener de Marsan avec moi, il va s'enferrer.

VIRGILE, *apercevant Boisjoli.* Tiens, voilà notre ami, Boisjoli. Bonjour, Boisjoli !

TOUS, *répètant en charge.* Bonjour, Boisjoli.

OCTAVE, *tout à fait gris.* Boisjoli... il arrive bien .. il va me dire le mot de la charade dans laquelle je patauge (1)... Je t'ai écrit avant-hier, mon vieux .. non, c'est tout à l'heure.

BOISJOLI, *riant.* Il est gris.

VIRGILE. J'ai bien mal à la tête...

OCTAVE. Eh bien ! mon premier c'est quoi, mon

---

1 Virgile, Boisjoli, Octave, Clarinette. Les autres personnages forment des groupes dans le fond. Dans l'un on boit, dans l'autre on joue à la main chaude.

second c'est qui, et mon entier c'est qu'est-ce... parlez...

BOISJOLI. Mon premier, c'est que j'ai reçu votre lettre... mon second, c'est que j'ai vu l'oncle en question... et mon tout, c'est que je l'amène, il est ici...

OCTAVE. Ici... qu'est-ce qui m'a caché qu'il était mon oncle parmi vous... hein ?

TOUS. Ce n'est pas moi...

VIRGILE. J'ai bien mal à la tête...

BOISJOLI. Vous confondez, Octave... Je dis que votre oncle est ici, dans votre antichambre...

VIRGILE. Qu'il n'entre pas...

CLARINETTE. Pourquoi donc? nous sommes tous très-bien, nous sommes gentils, qu'il vienne près de son neveu, ça fait qu'il aura aussi son petit jeune homme...

OCTAVE. Elle a raison, ohé! mon oncle... ohé! apporte-t-il ses millions pour que je les croque... a-t-il sur lui ses vignobles, pour que je les boive... ohé ! mon oncle, ohé!..

TOUS. Ohé! son oncle! ohé!..

OCTAVE. Comment s'appelle-t-il mon oncle?

~~~~~~

SCÈNE XIII.

LES MÊMES, DE MARSAN.

DE MARSAN, *paraissant.* Il se nomme M. de Marsan, c'est moi...

TOUS, *s'écartant pour le laisser passer.* Monsieur de Marsan.

OCTAVE. Mais, je connais ce nom-là; de Marsan, c'est le nom de la carte... votre fille sort de chez moi...

DE MARSAN. Quoi ! Valentine...

OCTAVE. Je l'aime votre fille, mariez-nous, mon oncle...

DE MARSAN. Quel langage...

OCTAVE. Mais j'y songe, mon vieux... si vous êtes mon oncle, il est nécessaire que je vous embrasse, ça se fait à l'Ambigu... tableau de reconnaissance, baoum ! allez-y...

CLARINETTE.
Où peut-on être mieux
TOUS.
Qu'au sein de sa famille.
Dzig boum ! dzig boum.

VIRGILE. Chut! (*Le silence se rétablit.*)

DE MARSAN. Dans quel monde suis-je tombé?

OCTAVE. Eh bien ! je vous tends les bras mon oncle, et vous ne bougez pas plus qu'une lanterne à gaz... êtes-vous un véritable oncle ou n'êtes vous qu'un oncle de carton... Parlez... oui, ou non... Clarinette, veux-tu être mon oncle?

CLARINETTE. Ça m'est impossible pour le moment.

DE MARSAN. Monsieur, je croyais avoir un neveu, mais je me suis trompé; ce neveu devait être un noble jeune homme, ne dépensant pas sa vie et son argent dans de folles orgies... Enfin, ce neveu devait être digne de mon estime.... vous voyez bien, Monsieur, que ce ne saurait être vous...

OCTAVE. Qu'est-ce qu'il chante... si vous n'êtes pas mon oncle, mon cher, allez-vous-en.... Clarinette, je te proclame mon oncle.

CLARINETTE. Oh! que t'es bête, va!

VIRGILE. Malheureux, tais-toi donc, tu te compromets...

OCTAVE. Ah! je m'en fiche pas mal, puisque ce
~~~~~~

n'est pas mon oncle... Le voilà ! (*Il tombe dans ses bras.*)

CLARINETTE. Un peu, mon neveu !..

VIRGILE. Mais tais-toi donc, quand ce ne serait que parce c'est le père de Valentine...

OCTAVE. Le père de Valentine, c'est vrai.... M. de Marsan, c'est le père de Valentine. (*Se dégrisant et sanglotant.*) Oh ! pardon ! Monsieur ! pardon. (*Il tombe à genoux aux pieds de de Marsan.*)

DE MARSAN. A cet âge déjà perdu...

BOISJOLI. Il est ivre-mort.

DE MARSAN. Sa vue me fait mal; venez, Boisjoli, qu'on ne me reparle jamais de lui... (*Il remonte la scène.*)

OCTAVE. Mais, je ne veux pas qu'il parte...

DE MARSAN. Laissez-moi ! (*Il le repousse.*)

OCTAVE. Ah ! je me meurs. (*De Marsan sort.*)

BOISJOLI, *le suivant.* A moi l'héritage !

wwwwwwwwwwwwwwwwwwwwwwwwwwwwwwwwwwwwww

SCÈNE XIV.

LES MÊMES, *excepté* DE MARSAN ET BOISJOLI.

CLARINETTE, *tapant dans les mains d'Octave.* Allons donc, bibi, ça c'est des bêtises...

VIRGILE, *le soutenant.* Reviens à toi, mon enfant.

LA BRISE, *qui s'est affublé d'un chapeau et d'une écharpe.* Mes amis dansons et chantons, ça le remettra.

TOUS. Oui... oui.

TOUS EN CHŒUR.

Encore un p'tit broc de vin
Pour nous remettre (*bis.*)
(*Ils dansent.*)

VIRGILE. Chut ! (*Les danseurs s'arrêtent et se groupent.*)

OCTAVE, *avec égarement.*

Vive le vin ! vive ce jus divin !
Je veux jusqu'à la fin...

(*Se souvenant.*) Valentine !.. mon oncle !.. mon oncle ! (*Il tombe dans les bras de Clarinette.*)

CLARINETTE. Il y tient ! (*Elle le soigne avec Virgile.*)

LA BRISE. Il est sauvé !.. ohé !

REPRISE DU CHŒUR.

Encore un p'tit broc de vin, etc.

(*On danse, on boit, on crie. Les domestiques grimpent sur les meubles, Mardochée monte sur une table et imite le triangle avec des pincettes.*)

TABLEAU ANIMÉ.

ACTE TROISIÈME.

La mansarde d'Octave, porte d'entrée au fond à gauche, la porte de la chambre d'Octave, à droite.
Un grand fauteuil à gauche, la petite table de Virgile à droite.

SCÈNE PREMIÈRE.

VIRGILE, MARDOCHÉE, CLARINETTE.

(*Au lever du rideau Virgile, éclairé par une lampe, est en train de copier un manuscrit. Mardochée et Clarinette entrent avec précaution.*)

VIRGILE, *se retournant.* Qu'est-ce que vous venez faire chez nous si matin ?..

MARDOCHÉE. Il y a longtemps que les poules sont levées...

CLARINETTE. Père Virgile, vous voulez donc que votre lampe fasse concurrence au soleil ?.. Il est sept heures du matin...

VIRGILE. Sept heures... déjà ?.. et mon manuscrit que je n'ai pas fini de copier... (*Il souffle sa lampe.*)

CLARINETTE. Comment Octave a-t-il passé la nuit ?..

VIRGILE. Son sommeil a été bon... le médecin a dit qu'il était en pleine convalescence... Ne marchez donc pas si fort, Mardochée, vous allez l'éveiller...

MARDOCHÉE. Ce pauvre garçon était bien pâle hier au soir... ça n'est pas étonnant, une maladie de trois mois...

VIRGILE. Sans votre secours, mes bons amis, il aurait fallu l'envoyer à l'hôpital... ça l'aurait tué cet enfant... oh! merci! merci !..

CLARINETTE. Laissez donc... parce qu'on a repris sa guitare, on n'en est pas plus fière... J'ai repiqué sur la chansonnette avec Mardochée...

MARDOCHÉE. Qui a renoncé à son papa... (*Avec grâce.*) Bon vieillard, je ne lui écris plus !

VIRGILE.

Air de *Julie.*

Et pourquoi donc cesser de correspondre
Avec un père ?

MARDOCHÉE.

Ah ! voyez-vous, mon vieux,
Au lieu d'écrire, il aimait mieux répondre
A mes placets, dans un genre ennuyeux !
J'ai remarqué qu'après chaque supplique,
Où je parlais de maint besoin urgent...
Quand j'commençais par un' demand' d'argent,
Il finissait par des coups d' trique.
Quand je demandais de l'argent
Il n' m'envoyait que des coups de trique.

VIRGILE. En fait de correspondance, j'ai reçu hier au soir... une lettre de New-York... affranchie !.. elle est écrite en anglais... ça me contrarie, car je n'en comprends pas un traître mot... Si, j'y comprends un mot... celui de Taboureau, mon cousin, décédé... qui y revient à chaque page...

MARDOCHÉE. Faut la faire traduire, cette lettre... elle contient peut-être des bonnes nouvelles...

VIRGILE. Certainement que je la ferai traduire... mais un jour où je n'aurai pas besoin d'acheter des médicaments pour le petit...

CLARINETTE. Nous chanterons une chansonnette de plus aujourd'hui... et vous pourrez aller chez le traducteur ce soir...

VIRGILE. Oh! la bonne fille !.. je vous rendrai ça!

CLARINETTE. Allons, en route, Mardochée... allez prendre notre orchestre dans votre chambre.

MARDOCHÉE. Je m'y transvase... Savez-vous que c'est heureux que nous ayons pu nous loger tous sous le même toit... les trois portes voisines !.. et sur le boulevard de la Galiote ?..

VIRGILE. Mardochée..., puisque vous descendez... priez donc la portière de faire prendre patience à notre nouveau propriétaire... on ne doit qu'un terme... et il nous envoie un congé par huissier.

MARDOCHÉE. Il vaut mieux que ce soit Clarinette qui parle... la mère Bernard a un faible pour elle...

CLARINETTE. Dame! nous avons eu des scènes attendrissantes... mère Bernard, que je lui ai dit... n'est-ce pas vous qui avez été ma nourrice... avant de m'infiltrer aux Enfants-Trouvés?.. Quoi! ce serait toi, s'est-elle écriée .. tu es bien grandie... (Chantonnant.)

> Quoi! c'est toi! c'est moi!
> Quoi! c'est moi! c'est toi!
> Ah! qu'elle folle rencontre.

Ah! viens sur mon cœur... duo!.. Mardochée!

CLARINETTE ET MARDOCHÉE,

> Je reconnais cette nourrice,
> Viens sur mon cœur comme autrefois.
> Embrassons-nous et que ça finisse,
> Mèr' Bernard, j' vous paîrai vos mois.   (bis.)

MARDOCHÉE, Avec quel attendrissement elle a empoché votre pièce de cinq francs...

CLARINETTE. Elle m'a appris que ma mère se nommait Clémence... qu'elle était mariée et que j'étais le produit d'une faiblesse.

MARDOCHÉE, lui prenant la taille. Voilà une faiblesse comme je les aime.

CLARINETTE. As-tu fini, méchant? On mit la faiblesse en nourrice près de Paris et on vint souvent la voir... tout à coup, plus de nouvelles des parents... comme ils avaient payé deux années d'avance, on ne s'en inquiéta pas d'abord... mais l'absence se prolongea indéfiniment... et ma pauvre nourrice se résigna à me porter là-bas...

VIRGILE. Ainsi elle n'a pas pu vous donner d'autres renseignements?..

CLARINETTE. Aucun autre... cependant, elle m'a dit qu'elle devait avoir un portrait et une lettre oubliés chez elle par papa... elle me les cherchera... Mais nous jacassons, et nous oublions que l'heure de travailler est venue... allons, Mardochée... par le flanc droite... droite... en avant... arche...

ENSEMBLE,
Air : Polka de Pilati.

> Allons
> Allez faire aux gros sous la chasse
> Point de bruit, gagnons l'escalier.
>   gagnez
> Retournons
> Retournez chanter sur la place.
> Car il n'est pas de sot métier.

MARDOCHÉE, désignant la chambre d'Octave.

> Je frissonne
> Parfois, en craignant
> Qu'il soupçonne
> C' métier humiliant.

VIRGILE.

> Pour les brav's gens, rien n'est trop bas,
> Ils honor'nt le dernier des états.

REPRISE ENSEMBLE.

(Ils sortent.)

SCÈNE II.

VIRGILE, seul; puis OCTAVE.

VIRGILE. Voilà deux cœurs d'or!.. Voyons, re-

mettons-nous à la besogne... Le Château de la Mort, drame en dix-sept actes!.. quel beau titre! le Château de la Mort! (Il se met à écrire. Pendant cette tartine, Octave ouvre doucement la porte, et se place derrière Virgile.) « Oh! mon « père, permettez-moi d'aller arracher quelques « cheveux sur le cadavre sanglant et défiguré de « mon amant, que vous avez précipité trop légè- « rement peut-être dans les fossés énormes et pro- « fonds de ce château formidable et terrible! » Quelle passion! quel style!.. Dire que j'ai passé trois nuits à copier ça, et je n'ai pas sommeillé... quel courage!

OCTAVE, se montrant à Virgile. Hé quoi! encore des nuits passées sans dormir?..

VIRGILE. Octave!.. Tu m'as entendu?.. c'est ma faute, vois-tu... j'avais pris du café hier... c'est drôle, comme ça m'empêche de dormir, le café... je fais des cabrioles... alors, je me suis dit : écrivons, ça me calmera...

OCTAVE. Point de mensonges inutiles, mon ami... comment m'expliquerez-vous ce papier timbré que vous avez laissé tomber près de mon lit?...

VIRGILE. Ce papier... ce n'est rien... nous devons bien un terme... mais je vais le payer... j'ai de l'argent... n'aie pas peur... j'ai de l'argent...

OCTAVE, les larmes aux yeux. Et quand je pense que c'est moi qui suis cause de cette misère... oh! je ne me le pardonnerai jamais!

VIRGILE. Voulez-vous vous taire, Monsieur... la misère, brrrrou! inconnue ici... c'est ma faute, si on n'a pas payé... j'ai fait des folies... je me suis fait remonter une vieille paire de bottes pour les dimanches.

OCTAVE. Il y a des moments où je crois avoir rêvé ce qui malheureusement n'est que trop vrai... je vois encore la figure sévère de M. de Marsan apparaître au milieu de notre orgie... j'entends sortir de sa bouche ces dures paroles : « Qu'on « ne me reparle jamais de lui! » Oh! comme on a fidèlement exécuté ses ordres... le lendemain, le maître de l'hôtel nous a chassés de sa maison...

VIRGILE. Tu avais le délire, pauvre ami... il a fallu t'emporter dans une voiture.

OCTAVE. Vous avez pensé à notre ancienne mansarde de la Galiote... elle n'avait pas été louée depuis que nous l'avions abandonnée... et nous voici revenus d'où nous étions partis... un peu plus malheureux... un peu plus désespérés... moi malade, vous fatigué, usé par un travail ingrat... oh! vous auriez dû me laisser mourir!

VIRGILE. Mourir?...

Air : de Téniers.

> Ah! qu'as-tu dit? toi mourir, à ton âge?
> Reprends ce mot, bien à tort survenu...
> N'es-tu donc pas ma force et mon courage?
> Ici, sans toi, serais-je revenu?
> Bien te soigner est mon unique envie..
> Dans ce bas monde, où je vis au hasard,
> Vieux voyageur, au chemin de la vie,
> C'est pour toi seul que je reste si tard.

OCTAVE. Oui, j'ai trouvé de fidèles amis dans mon malheur... vous d'abord... puis Mardochée et Clarinette... Bonne Clarinette! elle a partagé fraternellement le pain de son travail... combien de nuits a-t-elle passé à mon chevet?.. C'est bizarre... eh bien! plusieurs fois... hier encore... il me semblait que ce n'était plus Clarinette qui me serrait la main... c'était une autre femme qui veillait près de moi... c'était une autre voix que la sienne qui me disait d'espérer...

VIRGILE. Quoi! tu as cru?...

OCTAVE. Oui!... il m'a semblé que ma main touchait la main de Valentine... il m'a semblé que j'entendais et que je voyais Valentine!..

VIRGILE, *avec un peu d'embarras.* Valentine!

OCTAVE. C'est en vain que je me dis que j'ai été le jouet d'une illusion!.. oui, c'était bien Valentine!... Et cependant peut-elle songer à moi sans me mépriser comme l'a fait son père?... Oh! j'en mourrai!

VIRGILE. Non, tu ne mourras pas... tu vivras pour elle... C'est mal, ce que je vais te dire... car c'est trahir sa confiance... eh bien! sache donc qu'hier, mademoiselle Valentine est venue ici.... près de toi.

OCTAVE. Que dites-vous?

VIRGILE. La vérité.

OCTAVE. Et elle m'a témoigné de l'intérêt?.. Oh! parlez, parlez, mon bon Virgile... Que je vous aime donc!... Vous l'avez vue..... vous lui avez parlé de moi... oh! dites... ne me laissez pas mourir de joie, comme j'ai failli mourir de douleur!

VIRGILE. Voilà bien les enfants!.. eh bien! oui, elle m'a parlé de toi... eh bien! oui, elle espère un jour te réconcilier avec son père... en dépit du Boisjoli, qui s'est tout à fait déclaré notre ennemi...

OCTAVE. Vous a-t-elle promis de revenir?

VIRGILE. Je ne sais si je dois te dire... au fait, oui... elle m'avait promis de revenir ce matin, quand tu serais encore endormi... mais puisque tu ne dors pas, je lui dirai de ne pas entrer,..

OCTAVE. Vous voulez donc que je ne me guérisse pas?

VIRGILE. Mais non!.. les grandes émotions sont contraires à la santé!.. (*On frappe.*) Bon! c'est elle... je reconnais sa manière de frapper...

OCTAVE. C'est elle!... oh! comme mon cœur bat... Attendez un peu que je me remette...

VIRGILE. Je vais lui dire que tu es éveillé.. la laisser s'approcher, ce serait un guet-apens,

OCTAVE. Ouvrez, je ne bougerai pas... je ronflerai si vous le voulez... (*On frappe de nouveau.*) Tenez, me voici dans le fauteuil... ouvrez, ou j'ouvre moi-même.

VIRGILE, *allant ouvrir.* Suis-je faible, mon Dieu! suis-je faible! Y es-tu? Il fait de moi tout ce qu'il veut. (*Virgile va ouvrir la porte avec précaution; Valentine paraît.*)

<center>~~~~~~</center>

SCÈNE III.

LES MÊMES, VALENTINE.

VALENTINE, *bas.* Bonjour, monsieur Virgile! Il dort?

VIRGILE. Oui, Mademoiselle.

OCTAVE, *à lui-même.* Je dors à poings fermés.

VALENTINE. Va-t-il mieux?

VIRGILE. Beaucoup mieux!

OCTAVE, *à lui-même.* Je ne me suis jamais si bien porté.

VALENTINE, *s'approchant, et lui prenant la main.* Pauvre jeune homme!..... il est bien à plaindre.

OCTAVE, *à part.* Pas trop! tenir ainsi sa main dans la mienne...

VIRGILE, *passant entre eux.* Et votre père, Mademoiselle!..

VALENTINE. Toujours aussi sombre. Nous avons visité l'Italie, l'Angleterre... que sais-je?.. nous ne faisions long séjour nulle part... les distractions de la route, les prévenances les plus délicates, rien ne pouvait dissiper ses chagrins.

OCTAVE, *à part* Pauvre Valentine! (*Il cherche à la voir à la dérobée malgré Virgile.*)

VALENTINE. Bien des fois, j'ai plaidé la cause de mon cousin... mais tout le terrain que je gagnais un jour, je le perdais le lendemain; dès que M. de Marsan avait reçu des nouvelles de Paris... c'était M. Boisjoli qui le noircissait à ses yeux.

VIRGILE. Mais c'est un gredin cet homme-là... Il faudra que je prenne sur moi d'aller le massacrer... ça me sera bien difficile, moi qui me fais scrupule de tuer une mouche.

VALENTINE. Maintenant, au revoir, monsieur Virgile... je vais rejoindre mon père chez son notaire... Je lui ai menti... il me croit chez ma lingère. Au revoir. (*Elle remonte.*)

VIRGILE. Au revoir, Mademoiselle.

OCTAVE, *bas, à Virgile.* Je ne veux pas qu'elle parte déjà.

VIRGILE. Mais...

OCTAVE, *même jeu.* Je fais un éclat...

VIRGILE, *à part.* Allons, bon! (*Haut.*) Mademoiselle..... vous partez sans me dire une parole amicale pour mon pauvre malade...

VALENTINE. Dites-lui combien je m'intéresse à son sort... recommandez-lui le courage et l'espérance. Pauvre cousin, des jours meilleurs viendront pour lui. (*Elle s'est rapprochée du fauteuil.*)

VIRGILE. Voyez, comme il est calme.

VALENTINE. Tenez, monsieur Virgile, je lui donne ces fleurs que j'arrache de mon bouquet... c'est un gage d'estime.

OCTAVE, *à part.* C'est peu!..

VALENTINE. C'est un gage d'amitié!..

OCTAVE, *même jeu.* C'est mieux!

VALENTINE. Ce n'est pas une vulgaire faveur que je lui accorde, monsieur Virgile... Je vous jure de ne plus donner de fleurs désormais qu'à celui que je choisirai pour mon mari.

OCTAVE, *saisissant les fleurs.* Oh! alors, donnez-moi vite ces fleurs!

VALENTINE, *se reculant.* Quoi! vous ne dormiez pas, Monsieur?.. c'est mal!

VIRGILE, *à part.* Le voilà qui gâte ses affaires!

OCTAVE, *avec chaleur.* O ma cousine, grâce à vous, le sort n'a plus de rigueurs pour moi!.. que m'importe la misère!.. que m'importe la maladie!.. Je vous aime! je vous aime!.. cette pensée illumine toute ma vie et me la fait paraître radieuse et enviée!.. Valentine, si vous saviez comme c'est bon d'aimer véritablement!...

VALENTINE. Oh! taisez-vous, Monsieur! ne me faites pas regretter d'être venue.

VIRGILE. Oui, Octave... ne lui fais pas regretter de... (*On frappe à la porte.*)

OCTAVE. Qui peut venir à cette heure?

VALENTINE. Il ne faut pas que l'on me voie.

BOISJOLI, *au dehors.* Ouvrez! ouvrez!.. je suis votre nouveau propriétaire.

VALENTINE. Je connais cette voix...

VIRGILE. C'est l'organe de Boisjoli.

OCTAVE. Lui, notre nouveau propriétaire?

BOISJOLI, *en dehors* Ouvrez-vous, enfin!.. mor-bleu! ouvrez-vous!..

OCTAVE. Entrez dans cette chambre, ma cousine... nous allons le congédier.

VALENTINE. O mon Dieu! quel embarras! (*Elle entre, et oublie de prendre son chapeau.*)

SCÈNE IV.

VIRGILE, BOISJOLI, OCTAVE.

BOISJOLI, *entrant.* Je n'ai pas l'honneur de vous connaître, Messieurs, mais vous me devez... et comme depuis huit jours je suis votre nouveau propriétaire... je viens... (*Les apercevant, et balbutiant.*) Je viens... je viens...

VIRGILE. Allez toujours... allez!

BOISJOLI. Tiens! c'est Virgile... tiens! c'est Octave! (*Il leur tend la main. Octave et Virgile le regardent fixement et ne bougent pas.*) Quelle rencontre!... je viens... je viens... Je m'en vais. (*Fausse sortie.*)

OCTAVE. Restez!

BOISJOLI. Ces chers amis'.. Je ne leur réclame plus d'argent!.. Partez de ma maison le plus tôt possible... je ne vous demande plus rien... Je vais même vous aider à déménager... (*Il met la main à sa poche.*)

OCTAVE. Nous croyez-vous capables d'accepter quelque chose d'un homme tel que vous!..

BOISJOLI. Un homme tel que moi vous vaut bien... petit mauvais sujet... (*A part.*) Je voudrais bien m'en aller.

OCTAVE, *regardant du côté de la chambre.* Il faut que l'on sache bien, Monsieur, que si j'ai commis des fautes... vous en avez été l'instiga-teur... Dans quel but nous avez-vous arrachés à notre vie honnête pour nous lancer dans un monde perfide?.. heureusement que nous n'y avons laissé que de l'argent, tandis que nous pouvions y laisser notre honneur.

BOISJOLI. En vérité, je vous admire... Est-ce ma faute si au lieu de devenir un neveu distingué, élégant et de bonne compagnie, votre oncle n'a trouvé en vous qu'un viveur... un bambocheur... un noceur!..

OCTAVE. Monsieur?...

BOISJOLI. Est-ce que je m'étais chargé de votre éducation? Prenez-vous-en à votre intendant... à votre professeur...

VIRGILE. Ah! si on peut dire!.. et voilà l'homme qui avait juré à mon cousin Taboureau d'avoir soin de moi!

BOISJOLI. Il est mort votre cousin, n'en parlons plus.

VIRGILE. Heureusement qu'il y en a d'autres qui m'en parlent... et cette lettre.

BOISJOLI, *inquiet.* Vous avez reçu une lettre?..

VIRGILE, *lui tournant le dos.* Monsieur, mes affaires ne vous regardent pas.

BOISJOLI, *à part.* Il ne sait rien... Je respire?

OCTAVE. Maintenant, Monsieur, sortez... bien-tôt nous vous paierons, et nous quitterons votre maison... sortez, vous dis-je!

BOISJOLI. On sort... on gêne ces messieurs... (*Il aperçoit le chapeau de femme.*) Ils ont peut-être des dames avec eux...

OCTAVE. Monsieur...

BOISJOLI. Nous savons que vous êtes des bam-bocheurs... (*A part.*) Et M. de Marsan qui a parfois des scrupules... il est à deux pas d'ici... si je l'amenais.. Octave serait perdu sans ressources.

VIRGILE, *au fond.* Eh bien, Monsieur... voici une heure que je tiens la porte ouverte... pour vous faire les honneurs.

BOISJOLI. Il suffit, Messieurs... vous êtes des ingrats... mais je vous rendrai le bien pour le mal. (*Il sort.*)

VIRGILE. Je vais m'assurer qu'il s'en va, car je ne veux pas qu'il guette mademoiselle Valentine. (*Il sort.*)

SCÈNE V.

OCTAVE, VALENTINE. *Octave va ouvrir à Valentine.*

OCTAVE. Vous avez tout entendu, ma cousine... me méprisez-vous encore?

VALENTINE. Je vous ai toujours plaint, Octave... Et quand je regarde ce qui m'entoure, je vous plains plus encore...

OCTAVE. Oh! je ne regrette plus mes beaux salons de la Chaussée-d'Antin, puisque votre amitié n'a pas craint de monter à ma mansarde.

Air : *De ma Céline, amant modeste.*

Oh! ne me plaignez plus, cousine,
Je sais comment, bonheur sans prix,
Une chambre sombre et chagrine
Peut se changer en paradis.
Plus de chagrin! bonheur étrange!
Sentez donc comme bat mon cœur,
Oh! restez toujours le bon ange
Qui change la peine en bonheur!
Oui, soyez, etc.

(*Il lui baise la main. — De Marsan et Boisjoli paraissent; en les apercevant, Valentine et Octave se séparent.*)

SCÈNE VI.

LES MÊMES, DE MARSAN, BOISJOLI.

BOISJOLI, *à de Marsan.* Quand je vous disais qu'il était en bonne fortune, ce jeune drôle!

OCTAVE ET VALENTINE. En bonne fortune!

DE MARSAN, *à Octave.* Vous ne vous attendiez pas à me voir, n'est-ce pas, Monsieur... (*Se tournant du côté de Valentine.*) Et vous, Mademoiselle... (*Il reconnaît Valentine.*) Valentine!..

VALENTINE. Oh! je me meurs...

OCTAVE. Ne craignez rien, Mademoiselle.. vous n'êtes pas coupable..... j'étais souffrante, abandonné, vous êtes venue m'apporter les consolations qu'on doit aux affligés.

BOISJOLI, *à part, en se frottant les mains.* C'é-tait Valentine!.. quelle chance!

VALENTINE. Oh! n'allez pas supposer, mon père!

DE MARSAN. Je ne veux pas d'explications, Mademoiselle va se rendre où elle devait aller... j'irai l'y rejoindre!.. Prenez notre voiture qui est en bas...

BOISJOLI, *à part.* Que j'ai donc bien fait d'aller chercher ce boule-dogue!

VALENTINE. Je vous obéis, Monsieur. (*Elle se dirige vers la porte.*)

BOISJOLI, *lui tendant la main.* Permettez-moi de vous accompagner jusqu'à votre voiture?..

VALENTINE. Je ne donne la main qu'aux gens que j'estime... je refuse la vôtre, Monsieur. (*Elle sort.*)

DE MARSAN, *à part.* Oh! c'est un noble cœur!.. (*A Boisjoli.*) Laissez-nous, Boisjoli.

BOISJOLI. Volontiers! (*A part.*) Cependant... (*Il feint de sortir, puis il traverse le théâtre à pas de loup et va se cacher dans la chambre d'Octave.*)

SCÈNE VII.

DE MARSAN, OCTAVE, BOISJOLI, caché.

DE MARSAN. Octave, ce n'est pas pour vous sermonner que je suis venu... j'ai saisi l'occasion que me présentait Boisjoli... — Il est vrai que je ne m'attendais pas à rencontrer qui j'ai vu... — Je venais vous dire... Octave, j'ai réfléchi... vous êtes le fils de mon frère... je ne dois pas vous laisser mourir de faim.

OCTAVE. Monsieur de Marsan!

DE MARSAN. Soyez donc rassuré sur votre avenir... Oh! ne croyez pas rouler sur l'or... mais je vous donnerai de quoi vivre modestement... voyons, que désirez-vous?..

OCTAVE, *surpris.* Ce que je désire?.. mais je ne veux rien, Monsieur.

DE MARSAN. Qu'est-ce que cela signifie?

OCTAVE. Cela signifie, Monsieur, que je ne veux vivre désormais que de mon travail... et point de vos largesses... je me ferai artisan, je me ferai ouvrier, je me ferai manœuvre, s'il le faut... je manierai la lime, la bêche ou la pioche; mais je vivrai... oui, je vivrai de mon propre labeur...

DE MARSAN. Vous, Octave, après avoir épuisé toutes les jouissances du luxe, vous travailleriez?

OCTAVE. Pourquoi pas, Monsieur?

Air : *Aux braves hussards du cinquième.*

Je me repens, veuillez le reconnaître...
Ce repentir, je tiens à le prouver.
Je ne suis point tombé si bas, peut-être,
Que je ne puisse encor me relever,
Par le travail, je puis me relever.

DE MARSAN.

Je ne veux pas que mon neveu s'en aille
A des travaux si grossiers se river !

OCTAVE.

Non! ce n'est pas déroger qui travaille,
Car travailler, Monsieur, c'est s'élever!
Oui, travailler, Monsieur, c'est s'élever...

DE MARSAN. Ce langage.

OCTAVE. Ecoutez-moi, Monsieur, c'est bien le moins que le juge accorde cinq minutes à celui qu'il a condamné sur des apparences... oui, sur des apparences... Je n'avais que seize ans, Monsieur, je ne connaissais de ce monde que la misère et ses chagrins, un homme vint et me dit : A vous toutes les jouissances du luxe; à vous les plaisirs sans cesse renaissants, voici de l'or.... Dépensez.... dépensez.... c'est le moyen d'être agréable à votre famille que je connais... dépensez..... dépensez beaucoup, et il m'offrit cinq cents francs par jour pour cela..... j'écoutai ses conseils..... car, pauvre enfant trouvé, je n'avais pas auprès de moi une bonne mère, une honnête famille, pour me dire... ce que tu fais là est mal... A seize ans, Monsieur, quand on ne fait de tort à personne, on ne croit pas à la perfidie des hommes... Bref, je m'abandonnai à toutes les folies du luxe et j'allais me précipiter dans un abîme sans fond; mais le souvenir d'un ange

m'arrêta sur la pente où je glissais. Le repentir entra dans mon âme et je jurai de n'aller vous revoir, Monsieur, que le jour où je pourrais vous dire : Voyez ces mains durcies par le travail, vous pouvez les serrer maintenant, mon oncle, elles sont dignes de vous.

DE MARSAN. Que m'apprenez-vous?.. quel pouvait être le calcul de cet homme... qui d'autre part m'excitait contre vous?

BOISJOLI, *à part, en passant la tête, puis il disparaît.* Ça commence à se gâter...

OCTAVE. Je ne veux pas chercher à le savoir. . le passé est passé, c'est à l'avenir que j'en appelle, Monsieur... pour vous prouver qu'il y a là du cœur et de l'honneur...

DE MARSAN. Oui, j'ai peut-être été trop sévère... le cœur n'était pas vicié... ce n'était que la tête... mais je réparerai mes torts...

Air de *Geneviève.*

On m'a trompé; mais je vous rends justice ;
Voici ma main... vos torts sont effacés...

OCTAVE, *avec joie.*

Quoi ! vous voulez ?.. Faut-il que j'obéisse ?...
(*Hésitant.*)
Monsieur, c'est trop, ou ce n'est pas assez...

DE MARSAN.

Que dites-vous ?

OCTAVE.

Cette main qui s'avance
Ne suffit plus aux désirs de mon cœur...
Pourquoi faut-il que la reconnaissance
M'empêche, hélas ! de montrer mon bonheur...
C'est dans vos bras que serait le bonheur!

DE MARSAN, *lui ouvrant ses bras.* Viens, mon neveu!.. tu ne me quitteras plus... tu seras mon secrétaire... tu remplaceras Valentine...

OCTAVE. Dans votre maison... chez vous... près de ma cousine!.. Oh! j'accepte!..

DE MARSAN. Elle était venue te voir, elle?

OCTAVE. Oh! oui!..

DE MARSAN. N'est-ce pas qu'elle est meilleure que moi?..

OCTAVE. Oh! oui! oh! oui!.. (*Réfléchissant.*) Non!.. c'est-à-dire, que vous êtes bien bons tous les deux... Oh! vous me parlerez de mon père... dont personne ne m'a jamais dit un mot...

DE MARSAN. Oui! oui!..

BOISJOLI, *à part.* Je me sens mal... je m'en vais prendre l'air... (*Il traverse le théâtre pour gagner la porte.*)

DE MARSAN. Allons! allons! quittons ce séjour de misère...

OCTAVE. Et Virgile?

DE MARSAN, *l'entraînant.* Nous le ferons prévenir... (*Ils se heurtent contre Boisjoli qui allait sortir.*)

DE MARSAN ET OCTAVE. Boisjoli!

BOISJOLI, *à part.* Faisons bonne contenance...

DE MARSAN. Ah ! vous écoutiez, Monsieur? tant mieux. (*Ironiquement.*) C'est une inspiration du ciel que vous avez eue... car, Octave, c'est l'âme la plus honnête, la plus loyale que je connaisse... Je l'adopte!

BOISJOLI, *à part.* Décidément, je suis bien fâché de l'avoir amené!

OCTAVE. Monsieur Boisjoli, je vous dois un terme, mais, monsieur de Marsan, voudra bien être ma caution...

DE MARSAN. Eh quoi!.. cette maison appartient

à Boisjoli... décidément, Monsieur, vous êtes trop riche,..

BOISJOLI, *embarrassé.* Cher ami, croyez bien que,...

DE MARSAN. Je ne veux plus rien croire de ce que vous me direz! Octave, préviens ton ami Virgile... nous l'emmènerons!

ENSEMBLE.

Air de *Lucia di Lamermoor.*

Vainement sur notre tête
Gronda le ciel courroucé...
On se rit de la tempête
Lorsque l'orage est passé !

BOISJOLI, *à part.*

Quoi ! vainement sur sa tête
Gronda le ciel courroucé...
Ne ris pas de la tempête,
L'orage n'est point passé !

(*De Marsan sort.*)

SCÈNE VIII.

OCTAVE, BOISJOLI.

BOISJOLI, *à part.* Sacrelote! je suis bien compromis... filons!,. Non !,.

OCTAVE. Vous ne partez pas, Monsieur?..

BOISJOLI. Je réfléchissais à l'ingratitude des gens... et je me disais... si Octave est riche, à qui le devra-t-il?.. à moi, qui ai amené l'oncle ici?..

OCTAVE. Dans une mauvaise intention, Monsieur!..

BOISJOLI. Ingrat!.. j'avais prémédité cette réconciliation... j'ai même fait plus.., j'ai parlé pour vous.... au sujet du fameux testament.... vous savez,,,

OCTAVE. Non ! je ne sais pas... que voulez-vous dire?..

BOISJOLI, *jouant la surprise.* Comment, vous avez l'air d'ignorer?.. faites donc le désintéressé... si vous vous êtes réconcilié avec l'oncle, tout le monde devinera vos motifs... vous saviez que de Marsan devait faire de vous son héritier au détriment de sa fille...

OCTAVE. Au détriment de Valentine?..

BOISJOLI. Jouez donc la surprise!.. vous savez bien pourquoi il ne l'aime pas, cette petite... ce n'est pas sa fille,.. C'est celle de M. de Charny et de sa femme.

OCTAVE. Oh! que dites-vous?.. je comprends alors son chagrin, sa brusquerie... pauvre oncle !

BOISJOLI, *à part.* Il aime Valentine !.,. Il est généreux !.. le coup a porté en plein?

OCTAVE. Je suis tout étourdi par cette révélation... Que dois-je faire pour ne pas la déshériter?

BOISJOLI. Il y a bien un moyen... mais vous n'avez pas assez de courage pour oser l'employer.

OCTAVE. Vous doutez de mon courage?

BOISJOLI. Dame! c'est un grand sacrifice... il faudrait fuir... fuir au loin... Par ce moyen, de Marsan ne vous revoyant plus.. laisserait ses biens à Valentine.,.

OCTAVE. Vous avez raison... c'est un grand sacrifice.:. Je partirai... je m'en irai loin... bien loin... Oh! Virgile ! mon bon Virgile !

BOISJOLI. Ah ! bath ! vous aurez un peu de peine ! mais on n'en meurt pas...

OCTAVE. Oh! j'en mourrai, moi, Monsieur... (*Il rentre dans sa chambre.*)

BOISJOLI, *à part.* Allons! ce n'est pas mal joué! (*Virgile paraît.*)

SCÈNE IX.

BOISJOLI, VIRGILE.

VIRGILE, *accourant effaré.* Octave! Octave!... Boisjoli ici... Ah! je vous tiens, vous!.

BOISJOLI. Laissez-moi sortir... j'ai des affaires au dehors.., avec Octave, l'honneur l'exige.

VIRGILE. L'honneur ne peut pas naviguer de conserve avec toi, affreux gredin... Avance ici!..

BOISJOLI. Monsieur! qu'avez-vous à me dire?..

VIRGILE. J'ai à te dire... que tu es un brigand! j'ai à te dire que tu es une canaille,.. Sais-tu l'anglais, toi?

BOISJOLI. Allez au diable!

VIRGILE. Oui, avec toi ; mais avant, il faudra que tu m'écoutes. J'étais sur le seuil de la porte, lorsque je suis accosté par un étranger, un Anglais... Le goddam me demande la colonne de Juillet... une idée lumineuse me traverse le cerveau... Service pour service, lui dis-je, je vais vous y conduire, à la condition que vous me traduirez cette lettre en route. Tu sais, ma lettre en anglais, de New-York !

BOISJOLI. New-York... Adieu ! (*Fausse sortie.*)

VIRGILE. Restez donc ! je lui donne le bras et je le dirige du côté de la Madeleine, pour avoir le temps d'écouter la lecture. Il me baragouine mon poulet américain... je le fourre dans un omnibus et je reviens au galop pour dialoguer avec toi, vieux filou !

BOISJOLI. Monsieur, cette expression...

VIRGILE. Oui, filou ! mais tu vas rendre gorge !

BOISJOLI. Enfin, que vous a appris cette lettre?

VIRGILE. Elle m'a appris que mon cousin Taboureau était mort en me laissant quatre-vingt-neuf mille huit cent quarante francs, qu'il avait gagnés aux mines d'or aux dépens de sa santé.

BOISJOLI, *balbutiant.* Je ne comprends pas quels rapports!..

VIRGILE. Tu barbotes! Oh! oui, tu as barboté! tu devais me remettre les titres pour me faire toucher le magot... Eh bien, qu'en as-tu fait?

BOISJOLI. Je ne pouvais recevoir cet argent sans avoir votre signature. (*Avec dignité.*) Monsieur, je vais vous prouver que je sais fidèlement rendre des comptes. (*Étalant des papiers.*) Voici votre affaire.

VIRGILE. Qu'est-ce que cela?

BOISJOLI. Voyez! lisez! Reçu six mille francs, reçu seize mille francs, reçu trois mille francs..

VIRGILE. Connu! connu! ce sont les reçus que je faisais pour l'argent que vous donniez à Octave. Je ne vois pas...

BOISJOLI. Comment, vous ne me comprenez pas? Un notaire devait vous remettre quatre-vingt-neuf mille huit cent quarante francs argent... Eh bien! avec votre signature, j'ai touché pour vous, et voici les quatre-vingt-dix mille francs de reçus que vous m'avez faits... Je n'étais qu'intermédiaire, c'est cent soixante francs que vous me devez... Quand vous pourrez me les donner, ça me fera plaisir.

VIRGILE. Quelle infamie! Arrêtez! voyons, Monsieur, cet argent, nous n'en avons dépensé que la moitié. Admettons que je perde ça... mais il y a quarante-cinq mille francs qui me reviennent.

BOISJOLI. Je ne connais que les reçus.

VIRGILE. Comment, c'était mon argent qu'il nous forçait à dépenser par grosses bouchées... Ça ne m'étonne plus s'il trouvait que nous n'allions pas assez vite. Oh! le gueux! Et moi qui poussais les autres à la consommation... Cet argent que je jetais par les fenêtres, c'était mon argent! mon pauvre argent! Eh bien! tu vas ajouter un nouveau reçu à tous ceux que tu as déjà de moi. (Il s'élance sur lui.)

BOISJOLI. Voulez-vous bien me lâcher! A la garde! (Il le bouscule, la porte s'ouvre, Clarinette et Mardochée paraissent. Ils ont chacun leurs instruments, Clarinette porte sa guitare et Mardochée son orchestre complet.)

SCÈNE X.

LES MÊMES, CLARINETTE, MARDOCHÉE, puis OCTAVE.

CHŒUR.

Air : *En ces lieux tout le village.*

OCTAVE, CLARINETTE, MARDOCHÉE.

Pourquoi faire un tel tapage?
Pourquoi criez-vous si fort?
Vous troublez le voisinage...
Lequel de vous deux a tort?

BOISJOLI.

Si je fais un tel tapage,
Si je crie, hélas! si fort,
C'est que sans le voisinage,
Je serais un homme mort!

MARDOCHÉE. Tiens! c'est ce gredin de Boisjoli! Alors, tapez... ne vous gênez pas.

BOISJOLI. Respectez votre propriétaire!

CLARINETTE. C'est donc lui qui nous a envoyé ce congé par huissier?

MARDOCHÉE. Faut l'échiner!

CLARINETTE. Faut le macadamiser!

VIRGILE. Non, mes amis, j'étais fou! contentons-nous de le mépriser.

BOISJOLI. C'est ça, méprisez-moi, mais ne me faites pas de mal.

CLARINETTE. Hommage à notre gracieux propriétaire. Mardochée, en avant la musique.

MARDOCHÉE. L'aubade demandée, voilà!

CLARINETTE ET MARDOCHÉE, *s'accompagnant sur leurs instruments,*

Air de la *Marche des Tartares.*

Boisjoli n'est qu'un vieux coquin (*bis.*)
Et nous l'éveillerons ainsi chaque matin.
Vieux monstre (*bis*), avec nous ne fais pas le malin (*bis.*)
(*Charivari.*)

OCTAVE, *sortant de sa chambre.* Assez, mes amis, assez! J'ai tout entendu... laissez aller cet homme!

BOISJOLI. J'ai le tympan sans connaissance!

MARDOCHÉE. Décidément, cette maison est la maison aux aventures! Clarinette, montrez donc ce que la mère Bernard vous a remis.

BOISJOLI. Ma portière vous fait des cadeaux! (*A part.*) Je la chasserai! (*Il remonte et se dispose à sortir.*)

CLARINETTE. Figure-toi, Octave, que grâce à elle, moi aussi, je vais retrouver mon illustre famille...

OCTAVE ET LES AUTRES. Sa/Ta famille!

CLARINETTE. Voici l'anecdote : A force de retourner ses vieux papiers, la mère Bernard a fini par retrouver une lettre et un portrait oubliés chez elle par mon papa, la dernière fois qu'il y était venu. Voici d'abord le portrait... J'espère qu'il était joli, mon papa, en costume d'officier! (*Elle fait mine de retrousser ses moustaches.*)

MARDOCHÉE. Il y a des noms écrits derrière le médaillon.

OCTAVE, *lisant.* Clémence et de Charny...

BOISJOLI, *qui était presque dehors.* Clémence et de Charny!.. (*Il redescend* (1).)

VIRGILE, *assis sur le grand fauteuil.* Ce nom vous fait revenir, vous?

BOISJOLI. Mais c'est que j'ai connu pas mal de Clémence et un officier du nom de Charny.

CLARINETTE. Voyez papa!

BOISJOLI, *l'examinant.* Je le reconnais, c'est bien lui, de Charny, mon ami, qui est mort dans un naufrage avec ma femme et madame de Marsan.

CLARINETTE. Ah! il est mort, ce n'était pas la peine de le retrouver.

VIRGILE. J'y pense, ne m'avez-vous pas dit que votre mère était mariée, et que...

CLARINETTE. C'est cela même.

OCTAVE, *qui a parcouru la lettre.* En effet, les premières lignes de cette lettre parlent de ta naissance cachée. (*Passant à la fin.*) Elle est signée Clémence; ta mère s'appelait Clémence. (*Regardant la suscription.*) Elle écrivait à M. de Charny, chez madame Bernard! De Charny! mais ne m'en parliez-vous pas tout à l'heure, monsieur Boisjoli? ne me disiez-vous pas... (*Plus bas.*) que c'était le père de Valentine?

BOISJOLI. Certainement; mais je n'y suis plus! ah! ah! c'est très-amusant!

MARDOCHÉE. Il va se démantibuler le parloir.

DE MARSAN, *au dehors.* C'est bien.

TOUS. M. de Marsan!

SCÈNE XI.

LES MÊMES, DE MARSAN, VALENTINE.

DE MARSAN. Viens, viens, Octave, nous n'attendons plus que toi pour retourner à l'hôtel. (*Apercevant Boisjoli.*) Encore ici, Monsieur? (2)

BOISJOLI. Je vois que vous êtes assez mal disposé à mon égard... et c'est juste au moment où, grâce à mes recherches, j'espérais vous rendre la paix, en dissipant des doutes...

DE MARSAN. Je ne vous comprends pas...

CLARINETTE, *à Mardochée.* Qu'est-ce qu'il chante ce vieux polichinelle?

BOISJOLI. Tenez... examinez ce portrait... vous le reconnaîtrez...

DE MARSAN, *examinant le portrait de Charny. Il va le briser.* Et vous osez...

CLARINETTE, *le reprenant.* Arrêtez! n'abîmez pas papa!..

1 Virgile, Boisjoli, Octave, Clarinette, Mardochée.
2 Virgile, Boisjoli, Octave, de Marsan, Valentine, Clarinette, Mardochée.

DE MARSAN. C'est votre père?..

BOISJOLI, *ricanant.* Oui, c'est aussi la fille de Clémence... Montrez donc la lettre... (*De Marsan saisit brusquement la lettre.*)

CLARINETTE. Vous avez voulu casser papa, maintenant ne déchirez pas maman...

DE MARSAN. Octave... tu commences mal tes fonctions de secrétaire... lis... voyons... lis... je le veux.

OCTAVE, *regardant Boisjoli.* Oh! le méchant homme!.. (*Il lit.*) « Vous allez partir, dites-vous, « mon ami... vous allez abandonner la pauvre « Clémence qui vous aime de toutes les forces de « son âme, et qui n'a jamais aimé que vous. »

DE MARSAN, *se cachant la tête dans ses mains.* Oh! mon Dieu! mon Dieu!

BOISJOLI, *à part.* Et zing! et zing! le clou enfonce!..

OCTAVE, *lisant.* « Vous le savez! Mon mari ne « m'a épousée que pour ma fortune. »

DE MARSAN. Sa fortune? Clémence était pauvre.

OCTAVE, *continuant.* « Si méprisable qu'il soit, « je ne veux point avoir à rougir devant lui... « qu'il ne sache jamais la naissance de notre « fille...»

DE MARSAN. Est-ce que je deviens fou... Je ne comprends plus rien à ce que j'entends!

OCTAVE, *continuant.* « Je n'ose garder vos let- « tres chez moi... Je les confie à la discrétion de « mon excellente amie, madame de Marsan... »

TOUS. Madame de Marsan!

DE MARSAN. Mais ce n'est donc pas elle qui écrivait cette lettre?..

BOISJOLI. Hein! je n'y suis plus...

DE MARSAN. Tu ne te trompes pas, Octave?.. donne, donne que je lise...

BOISJOLI, *à part.* Ah çà.. je dors... j'ai le cauchemar....

DE MARSAN. Oui, c'est écrit... et ce n'est pas l'écriture de ma femme!.. (*Lisant.*) « En ce mo- « ment, de Charny, vous devez-être près du ber- « ceau de notre enfant... Embrassez bien notre « chère petite Clémentine... » (*Joyeux.*) Clémentine! et non pas Valentine!

CLARINETTE. C'est moi, Clémentine!

DE MARSAN, *lisant.* « Quand vous l'aurez em- « brassée, vous ne partirez pas... mon ami, ai- « mez-moi autant que je vous aime et que je « méprise M. Boisjoli. »

BOISJOLI. Hein?

DE MARSAN. Signé... Clémence!.. Mais, Boisjoli, votre femme se nommait donc aussi Clémence?..

BOISJOLI. Certainement... en effet... elle s'appelait Clémence!.. Ah! je suis bien troublé!.. je défaille!

VIRGILE, *le poussant sur le fauteuil.* Donnez-vous donc la peine de vous asseoir.

OCTAVE. Vous le voyez, Monsieur, à qui souhaite le mal, le mal arrive.

DE MARSAN. Il me semble que je sors d'un rêve pénible... Je comprends tout maintenant... Clémence était pure... et j'ai maudit sa mémoire!... Clémence était pure... et je voulais déshériter notre enfant... ma fille!.. car c'est ma fille!.. Oh! Valentine! Valentine!.. viens!.. il y a si longtemps que je ne t'ai embrassée!

VALENTINE, *s'élançant dans ses bras.* Mon père!

MARDOCHÉE. Faites-en autant de votre côté, Clarinette... aux yeux de l'autorité le vieux polichinelle est votre papa...

CLARINETTE. C'est vrai!... (*S'élançant.*) Oh! papa! oh! papa (1)!

BOISJOLI, *se débattant.* Je ne vous connais pas! Laissez-moi gémir en paix..... vous ne m'êtes rien.

CLARINETTE. De quoi?

VIRGILE. Les Codes sont pour vous.

CLARINETTE. Vous entendez, les cordes sont pour moi.

BOISJOLI. Fichez-moi la paix, saltimbanque; je sors de mon caractère, mais vous tous vous allez sortir de ma maison : elle est à moi; je l'ai payée quatre-vingt-dix mille francs.

VIRGILE. Juste autant que mes reçus, scélérat!

OCTAVE. Silence, Virgile, n'accusez pas ainsi M. Boisjoli, un homme excentrique, c'est vrai, il le dit, mais c'est un cœur honnête... il a conservé intact le dépôt qui lui avait été confié par le cousin Taboureau...

BOISJOLI, *les montrant.* Allons donc!.. mais les reçus... examinez les reçus...

OCTAVE, *les saisissant.* Vos reçus?... tenez, voici ce que j'en fais... des morceaux. (*Il les déchire.*) Allez, si vous l'osez, porter plainte devant les tribunaux..... et nous vous prouverons que vous avez volé ce pauvre et excellent homme!... De gré ou de force, il faudra bien que vous lui rendiez cette maison que vous avez acquise avec son argent!..

BOISJOLI. Mais je suis dans la forêt de Bondy!

VIRGILE. Malhonnête! tu es dans ma maison.

DE MARSAN. Monsieur... faites ce que mon neveu vous conseille... rendez cette maison à Virgile... c'est le seul moyen d'éviter l'infamie... c'est le seul moyen d'avoir encore quelques droits à notre commisération... Sortez!

BOISJOLI. J'y consens!.. Je suis volé! Ma pauvre maison!..

CLARINETTE, *près de la porte,* Papa! ah çà, voilà deux heures que je vous tends les bras.

BOISJOLI. Baladine, allez au diable! (*Il sort furieux.*)

<hr>

SCÈNE XII.

LES MÊMES, *excepté* BOISJOLI (2).

CLARINETTE. Me revoilà sans famille!

MARDOCHÉE. Eh bien!.. et moi donc?.. Permettez-moi de la reconstituer, en qualité de mari...

CLARINETTE. Nous sommes si pauvres!..

VIRGILE, *se gonflant.* Vous ne l'êtes plus!.. je suis propriétaire... Je vais me faire faire une redingote de ce nom... Il n'y a qu'une pensée qui trouble ma joie... Octave... M. Octave va donc nous quitter.

OCTAVE. Cesser de vous voir, mes bons amis, oh! jamais!

<hr>

1 Virgile, Boisjoli, Clarinette, Octave, de Marsan, Valentine, Mardochée.

2 Mardochée, Clarinette, Virgile, Octave, de Marsan, Valentine.

DE MARSAN. Vous vous reverrez chaque soir... quand Octave aura travaillé... puisqu'il tient à travailler... et plus tard... plus tard... (*Il regarde Octave et Valentine.*) eh bien !.. nous verrons....

OCTAVE. C'est tout vu, mon oncle.

DE MARSAN. Allons... je m'aperçois que nous n'aurons pas de peine à faire ce mariage-là... dans un an... ou deux...

CLARINETTE. Ça fait que nous serons tous heureux.

MARDOCHÉE. Et que nous aurons beaucoup d'enfants.

CHŒUR FINAL.

Air : *Des grands seigneurs chez Ramponneau.*

Plus de tourment et plus d'orage,
Après le chagrin, le plaisir.
Espérons, car tout nous présage
Un riant et doux avenir.

OCTAVE, *au public.*

Air : *J'en guette un petit de mon âge.*

Tremblant de froid, ce soir, peut-être,
Un pauvre vous demandera ;
Jetez l'argent par la fenêtre,
Et le bon Dieu vous le rendra.
Quant à vous, nos juges, nos maîtres,
Ah! n'allez pas nous dire, hélas! ce soir,
Que vous avez, en venant pour nous voir,
Jeté l'argent par les fenêtres...

REPRISE DU CHŒUR FINAL.

FIN

LAGNY. — Imprimerie de VIALAT et Cie.

EN VENTE.

Minuit! ou un arrêt du Destin, vaudeville en un acte. . . . . . **20** c.
Le Chemin des Amoureux, vaudeville en deux actes. . . . . . **25** c.
Paquette et Grivet, vaudeville en un acte. . . . . **20** c.
Un Mari dans l'embarras, vaudeville en un acte. . . . . . . **20** c.
Les Violettes de Lucette, vaudeville en deux actes. . . . . . **25** c.
Une Allumette entre deux feux, vaudeville en un acte. . . . **20** c.
Les Hirondelles, vaudeville en un acte. . . . . **20** c.
Un Voisin de Campagne, vaudeville en deux actes. . . . . . . **25** c.
L'Argent par les Fenêtres, vaudeville en trois actes. . . . . . **30** c.
Le Porte-Drapeau d'Austerlitz, drame en un acte. . . . . . **20** c.
Le Droit de Visite, vaudeville en un acte . . . . **20** c.
Un Doigt de Vin, vaudeville en un acte. . . . . **25** c.

Lagny. — Imprimerie de Vialat et Cie.